NONFICTION
論創ノンフィクション
015

空手は沖縄の魂なり

長嶺将真伝

柳原滋雄

論創社

はじめに
——沖縄の空手と世界平和について

二十世紀の沖縄を駆け抜けた長嶺将真《ながみねしょうしん》は、その最晩年に、「沖縄の空手と世界平和について」と題する講演をハワイの地で行った。その内容は二カ月後の九七年二月、地元の「琉球新報」に連載される。世界松林《しょうりん》流空手道連盟会長の肩書が付されたこの文章で長嶺は、沖縄の長年の歴史が「世界で類のない『空手に先手なし』の哲理を創出した」と指摘し、「武器によって苦悩している世界の多数の国々の人民の姿を見るにつけ、わが先人の創造した『空手に先手なし』の思想を心から景仰《けいこう》する」と記している。

空手に先手なし——。

世界の空手稽古に励む愛好家が数千万人とされる現在、空手本来の精神を戒める意味でいまも使われる言葉だ。一般には大正年間、日本本土で空手普及を始めた松濤館《しょうとうかん》空手の創始者で沖縄出身の船越義珍《ふなこしぎちん》が唱えた言葉として知られているが、もともとは以前から沖縄に存在する理念そのものだった。

空手は喧嘩《けんか》の道具でもなければ、相手を威嚇《いかく》するための手段でもない。自分の身を、さらには家族の生命を守らなければならない、やむにやまれない局面においてのみ使用する〝伝家の宝刀〟の意味合いが込められている。そのため、「戦わずして勝つことを最上の勝利とす」との武術観をより尊重した。長嶺はこの文章で、最後にこう締めくくる。

「全世界の人々が今一度手を胸に当てて、攻撃の心すなわち先手の心から琉球沖縄で培われた空手に先手なしの心に変わり、これを体得して初めて世界の真の平和がよみがえると確信する」

長嶺は「攻撃の心」を「先手の心」と定義している。

私事になるが、沖縄空手の取材を始めてまもなかったころ、地元のある長老空手家は、航海のための灯台となる指針を与えたいと前置きして、沖縄空手の歴史について確信をこめた言葉で次のように説明してくれたことがある。

「沖縄人は小さい、弱い、だけど殺されたくない。そういう環境のもとで発達したのが空手の源流であるティーです」

沖縄人は本土（主に薩摩《さつま》人を指す）の人間より一回り小さい。琉球王国の時代には帯刀《たいとう》した本土人からの横暴も多かった。そんな中で殺されたくないとの防衛本能から人びとが秘かに稽古を重ね、それが継承されてきた。

「ティーは相手を殺すための道具ではありません。自分の身を守ることが目的だったので、自分の武術を人に吹聴することもなかったし、いさかいが起こりそうな場面はあえて避けて通る。やむをえないときだけ、その術を使って、自分や大切な人を守ろうとした。だから本来の空手はトドメを刺しません。倒れた相手に、最後の一撃を加えるような発想もなかったのです」

長老にいわせれば、ティーは智慧そのものを包含した言葉だという。

長嶺将真は亡くなる数年前に地元紙に発表した「空手道のメッカ　沖縄」と題する文章の中で次のように書いている。

「空手に先手なしの理念は一見敗北思想にみられるが、人類と人間尊重の立場を築き上げた琉球の歴史から私は不動の信念と自信をもってそれが世界人類の平和と人間の命を尊重する慈悲の心・礎《いしじ》であり、空手に先手なしの哲理を守るのが……空手のメッカたる沖縄が守らなければならない英知な思想であることを私は確信する」（「琉球新報」一九九四年一月二十二日付）

よくいわれることだが、空手の型のほとんどは受け（防御）の動作から始まるのが通例だ。攻撃を最初に想定した動きはほぼ存在しない。これは「空手に先手なし」の理念を、日々の鍛練とする型稽古にそのまま具現化したもので、その意味で、沖縄空手の思想は現在の日本国憲法の「専守防衛」の理念や「核の先制不使用」政策とそのまま響き合うものがある。決して自ら先には攻撃しない。かといってやられるわけにもいかない。

いまやさまざまな流派が共存共栄する形となった世界の空手界の姿は、そのまま多民族ひしめく地球の姿とも重なり合う。

空手と世界平和を結びつけて最初に正面から論じた沖縄の空手家・長嶺将真の生涯を追った。

空手競技が正式種目となった初の東京五輪《オリンピック》開催の夏に

空手は沖縄の魂なり　長嶺将真伝　目次

序章　沖縄空手四天王が生きた時代

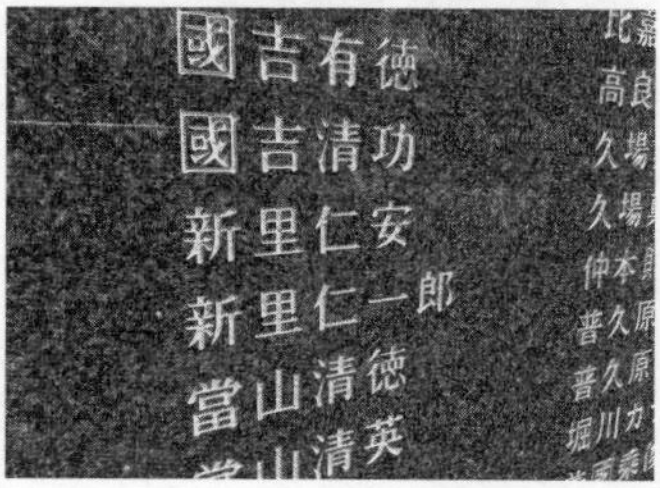

那覇《なは》市から沖縄本島の南部方面に三十分ほど車を走らせた場所にある糸満《いとまん》市・摩文仁《まぶに》の平和記念公園。公園内にある「平和の礎《いしじ》」には、沖縄戦で亡くなった県民や日本人のほか外国人に至るまで二十四万人以上の名がずらりと刻まれている。

花城長茂《はなしろちょうも》（一八六九－一九四五）、喜屋武朝徳《きゃんちょうとく》（一八七〇－一九四五）、徳田安文《とくだあんぶん》（一八八六－一九四五）、新里仁安《しんざとじんあん》（一九〇一－四五）、座波次郎《ざはじろう》（一九〇三－四五）……。かつての著名な沖縄空手家の名前もそこに並んでいる。この中には沖縄戦の戦闘そのものではなく、戦後まもなく収容所内で亡くなった喜屋武朝徳のような武人も含まれる。

県民の四分の一以上が命を落とした沖縄戦。一九四四年十月、那覇市内のほとんどを焼きつくした「十・十空襲」を皮切りに、それから半年もたたずに大量の米軍が沖縄本島に上陸、中部から上陸した米軍に島を二分される形となった。島のすべてが「戦場」と化した。

戦後世界に広がった空手だが、その空手を保持した空手家たちも、この時期に多くが命を落としている。

米軍が沖縄本島に上陸する前日の三月三十一日、米軍上陸前の艦砲射撃によって亡くなったとされる新里仁安は、沖縄空手の最初の流派として知られる剛柔流《ごうじゅう》を開いた宮城長順《みやぎちょうじゅん》（一八八八―一九五三）の有力な後継者と目される弟子だった。いわば地元空手界の将来を嘱望された一人だったといえる。

チャンミーグァー（小さな目のおじさん）の愛称で知られた喜屋武朝徳は、戦後まもない九月二十日、県内十数カ所に設置された米軍キャンプ地の一つ、石川収容所内で没した。享年七十四。栄養失調だった。

日本本土の終戦日は八月十五日だが、沖縄の実質的な戦争終結は、牛島満《うしじまみつる》司令官が六月二十二日から二十三日未明にかけて自決した後、米国により沖縄戦終了が宣言された七月二日と時間的な開きがある。

面影《おもかげ》をとどめないほどに破壊された当時の街並み。家族と生き別れ、その日暮らしをつなぐことに精一杯となった県民は、土地の多くを米軍によって接収され、非道な仕打ちに無念の思いを抱く人も多かった。このとき生き残った四十万の民衆が、戦後の沖縄再建の主体者となった。当時、空手の稽古を続けたお蔭で生きながらえることができたとの感慨を抱いた空手家は少なくない。

宮城長順はグラマン機が発する機関銃の下を空手の歩法で巧みにくぐり抜け、戦後に命をつないだ。自分が死ねば、師匠の東恩納《ひがおんな》寛量《かんりょう》（一八五三―一九一五）から受け継いだ空手の奥義が失われてしまうとの危機感があった。

戦前に首里手《しゅりて》の本流である小林《しょうりん》流を開いた知花朝信《ちばなちょうしん》（一八八五―一九六九）も、空手のお蔭で生き残ることができたと、戦後信頼できる弟子に語りかけている。

※　※　※

当時、沖縄県警の警察官だった長嶺将真《ながみねしょうしん》は、住民避難を指揮するという名目のもと南部に転戦した。銃弾・砲撃の雨の中を逃げまどい、職務遂行を試みながら幸いにして生き延びた。戦前は県庁職員として沖縄県食糧営団に勤務した比嘉佑直《ひがゆうちょく》は、九死に一生を得て捕虜となり、収容キャンプで人びとを元気づける活動を続けた。上地完英《うえちかんえい》は島内で日本軍に従軍して戦い、生き残った。八木明徳《やぎめいとく》も長嶺と同じく警察官として、本島から離れた久米島《くめじま》で住民擁護の仕事に従事した。

これら四人は一九〇七（明治四十）年生まれの長嶺を筆頭に、比嘉佑直（二学年下）、上地完英と八木明徳（いずれも四学年下）というように、ほぼ同世代に位置する。明治の終焉《しゅうえん》を迎えた時期に同じ南洋の島に生まれ合わせ、明治、大正、昭和、平成と四つの時代を空手一筋に生き抜いた点で共通する。

戦後の沖縄空手界は、沖縄戦で生き残ったこの四人を「軸」に形成された。それぞれが沖縄伝統空手の四大流派の流派長やそれに準ずる存在として、一つの時代を担うことになったからだ。一覧すると次のようになる。

長嶺将真（一九〇七－一九九七）――松林流《しょうりんりゅう》（首里・泊手）
比嘉佑直（一九一〇－一九九四）――小林流《しょうりんりゅう》（首里手）
上地完英（一九一一－一九九一）――上地流（那覇手）
八木明徳（一九一二－二〇〇三）――剛柔流（那覇手）

本土復帰二十周年の佳節となる一九九二年、沖縄のシンボルとなった首里城の主要部分が四十七年ぶりに復元され、十一月三日、首里城公園として一般公開された。併せて奉神門前で開門式として空手の奉納演武が行われた。当時の沖縄空手の長老六人が演武を披露している。最高齢の上原清吉《うえはらせいきち》（本部御殿手《もとぶうどぅんでぃー》）をはじめ、長嶺将真（松林流）、比嘉佑直（小林流）、八木明徳（剛柔流）、宮平勝哉《みやひらかつや》（小林流）、仲里周五郎《なかざとしゅうごろう》（同）の六人だ。それから二十七年後、この首里城が忽《こつ》然《ぜん》と焼失してしまうことになるとはだれも想像だにしなかった。首里城は歴史的に空手と深いつながりがある。

本書で取り上げる長嶺将真は、決して血わき肉躍る武人中の武人というタイプではないかもしれない。

いまも名を残す著名な沖縄空手家としては、多くの実戦で名を知られた本部朝基《もとぶちょうき》（一八七〇－一九四四）や、小柄ながらも武の強さで有名な喜屋武朝徳、沖縄最初の空手流派である剛柔流を開いた宮城長順、本部朝基に師事したその下の世代に位置する宮城嗣吉《みやぎしきち》（一九一二－二〇〇二）といった、まさに〝武人中の武人〟といったタイプも多く存在する。本土でいえば極真《きょくしん》空手を創設した大山倍達《おおやまますたつ》（一九二二－九四）の〝走り〟ともいうべき存在だ。

その中にあって、長嶺将真は自ら認めるとおり、「体格や武才にそれ程恵まれていなかった」（『史実と伝統を守る――沖縄の空手道』新人物往来社）。それでも明治期に沖縄で生を受け、空手のお蔭で生きる道を見出し、戦後は沖縄空手界の中心者として一つの時代を担い続けた。

「松林流は一九六〇年代から七〇年代にかけて、沖縄で飛ぶ鳥を落とす勢いがあった」

古い門弟たちの回顧談だ。戦後の一時期、長嶺が創設した流派・松林流と、その中核ともいえる長嶺空手道場（那覇市久茂地《くもじ》）は、戦後の沖縄空手界で中心的な役割を果たし続けた。

武才にそれほど恵まれなかったと謙遜《けんそん》する長嶺だが、戦後の沖縄空手の中心者となって牽引《けんいん》できた要因はどこにあったのか。

一言でいえば、理論的な立ち位置の希少性にあったといえる。沖縄の古い時代の中等教育を受け、空手を緻密に説明し、その歴史を掘り下げようとした同時代人は少ない時代だった。その中で、長嶺の存在に価値が生まれたといえる。

いまになって振り返ると、本土で流行した極真空手の源となった劇画『空手バカ一代』には、当時の長嶺道場からのパクリとしか思えない史実も含まれている。

長嶺は苦難の歴史となった沖縄の二十世紀をそのまま生き抜いた人物といえる。本部朝基、喜屋武朝徳などの〝武人中の武人〟たちは、残念ながら戦争期の犠牲となってその生を終えた。そんな中、熾烈な沖縄戦で九死に一生を得た空手家たちが、戦後の混乱期の中から沖縄空手を復興させ、未来に継承することを可能にした。長嶺はそのうちの有力な中心軸といえた。

長嶺の生涯をたどることは、そのまま戦後の沖縄空手界を浮き彫りにする。そんな確信めいた気持ちから取材と調査を開始した。

第一章　「泊手」発祥の地で育つ

泊の庶民として

長く琉球王国の海の玄関口だった泊港《とまり》。そこに隣接する泊村は、泊湾に注ぐ安里川《あさとがわ》流域の一帯にあり、崇元寺《そうげんじ》が地域の目印となっている場所だった。戦前は風光明媚な田園風景で知られ、琉球王朝時代は王府・首里城までさほど遠くもなく、首里士族のゆかりの地として栄えた。泊は地域共同体の結束が強いことでも定評があった。戦前・戦後を通して、泊は「地域全体が家族みたいなもの」とすらいわれてきた。

長嶺将真《ながみねしょうしん》は日本が日露戦争に勝利してまもない一九〇七（明治四十）年七月、その泊村で出生した。明治政府が琉球藩として日本に繰り入れた「琉球処分」から三十五年が経過し、明治が終わろうとするころだった。当時市制は施行されておらず、「那覇区」と称した時代である。首里城を含む「首里区」も、当時は那覇とは別の行政区だった。

長嶺の曾祖父にあたる長嶺将光《しょうこう》は、五百人挑戦して三人しか合格しないといわれた琉球時代の役人登用試験である科挙《コー》に合格し、泊では有名な人物だったと伝えられる。科挙は下級役人を登用するための試験であり、藩内においてさほど高い地位ともいえなかったが、泊村においては快挙ともいえる出来事であった。

長嶺家の祖先は敖氏《ごう》で、もともとは「山里《やまざと》」姓を名乗っていた。将真の四代前の将意《しょうい》の時代に「長嶺」に改称したと伝えられる。

長嶺家は科挙に合格した将光から、その後、将富《まさとみ》、将職《しょうしょく》へと受け継がれた。廃藩置県で旧藩からあぶれ、泊一帯も仕事を失い、路頭に迷う者が増えたとされる時代。将光の四男であった将富も生活に困窮し、「他人の下男奉公に身を落とした」という。

八二年に発刊された『泊小学校創立百周年記念誌』によると、旧藩（琉球）時代の泊は首里の行政管轄下にあり、首里王府の評定所（裁判所）や諸座、諸蔵の勤め人が多く住んだ。漢学者や三味線《しゃみせん》、琴、太鼓持ちの名手が多く出て、独特の文化的伝統をつくっていたという。

泊は教育や文化意識の高い地域として発展していたが、琉球処分後、藩が廃止され、保守的な人びとは北部の山原《やんばる》に落ちていき、「にわか百姓《ひゃくしょう》」になる例が続出したという。人はそれを「山原落ち」と呼んだ。長嶺家もその例にもれなかった。長嶺将真の祖父・将富は、農業や和学の塾を開いて生活したとされる。

将富の次男として生まれた長嶺将保《しょうほう》（一八七三－一九六三）は、年幼くして身代金とともに奉公に出される身となった。十二歳で奉公に出て以来、十七歳で早くも三回目の奉公に出る、絵に描いたような「山原落ち」の青年期をおくった。

将保の晩年、その半生を聞き取りして記録した「長嶺将保　長嶺ゴゼイ一家の家歴」は、コクヨの十三行罫線用紙に十枚ほど手書きされた私文書である。そこには息子の将真が聞き取りした長嶺家の来歴が綴られている。

それによると、将保の父親（将富）は「潔癖な性分であった」ため、人に頭を下げるのが苦手で、商売上スムーズにいかないことが多かったという。それでも最低限の学は修めていたため、農業に励むかたわら、地域の若者に和学を教えた。泊出身者の支援を得て、「模合《もあい》」（沖縄独特の互助制度）を起こし、将保の身代金を返済し、いったんは将保は「山原落ち」から解放され、自由の身となったという。

わずかな期間だったが、両親のもとで、兄の将職、妹の「まかて」らと家族みずいらずの生活を取り戻すことができた。だがこの「楽しい年月もわずか三カ年」しかもたなかった。日本が日清戦争の勝利でわき立っていたころ、将保は一家の借金を背負い、四回目の奉公に出た。このときの契約金は四十四円。当時としては破格の高額だったそうで、将保は生涯、身代金の下で働かされて人生を終わるだろうと母親が泣き崩れたとのエピソードが残っている。このとき将保二十二歳。家族のために自己犠牲を厭《いと》わない親思いの次男坊だったと見られる。

将保は崎浜《さきはま》（現在の名護市）で過酷な野良仕事に従事したが、無理がたたったのか胃腸病を患い、貸付金の元本はおろか、利子の返済すらできなくなったという。責任を感じた兄の将職（長男）が、自分の手で「模合」を起こし、契約金を返済したと聞き書きの記録に残されている。

将保はこんどこそ「山原落ち」から解放された。二十代後半になっていた。

将保は泊村の家屋を間借りし、牛乳屋の牛に草を入れる仕事を始めた。

一九〇〇年、二十七歳で同じ泊村出身の同年生まれの名城《なしろ》ゴゼイと結婚する。当時、現金商売としてはやっていた人力車引きを始めた。元手はあまりかからなかった。

いまでは東京の浅草や著名な観光地などでしか見られないこの商売は、自動車や汽車がなかった時代、身近なタクシー代わりに利用された。人力車には「昼車」と「夜車」があり、特に「夜車」は武士階級から身落ちしたプライドの高い車引きが多かったため、客側の言葉遣いには特に気をつけたとの話が残っている。

『沖縄県警察史 第一巻（明治・大正編）』によると、人力車は「明治二十年頃から（沖縄県に）移入され始め、那覇や首里など都市地区の近距離を中心に庶民の交通機関として大発展をみるようになった」。営業するには警察署への届出が必要で、ピーク時（明治四十二年）には二千台近くが登録されていたという。

将保夫婦はまじめに働き、しばらくすると多少の経済的余裕も生まれ、農業に従事しながら家畜を飼うようになった。働き者のゴゼイは豆腐製造などで家計を助けた。

この間、将真を含む三人の子宝に恵まれた。将真は、将保夫婦にとって唯一の男の子だった。

将保は人力車引きを十年ほど続け、地元の泊に二百六十二坪の土地を購入するまでに成功した。当時の価格で坪当たり四十銭、現金百四円を現金で支払ったと記録にはある。将真が生まれて三年ほどたった一九一〇（明治四十三）年のことだった。

長嶺家の貴重な現金収入となった人力車引きは、将真が小学校に上がるころまで続けられた。自転車や乗合馬車などがこの世に登場し、重宝され始めたころ、将保は仕事を切り替えたらしい。

農業を主体にしながら、当時沖縄でブームとなっていた帽子製造業に手を広げた。蓄えた資金で新たな宅地や墓地を買い足した。当時の沖縄は、額《ひたい》に汗して働けば、正当な見返りを得られる社会だったようだ。

将保の頑張りには、子どもに満足な教育を受けさせたいとの教育熱心な土地柄も作用していたと思われる。『泊小学校創立百周年記念誌』に次の記載がある。

「泊人は、たとえ車引きをしてでも、子弟を中等学校に出した。その向学の気風は、泊の伝統精神に励まされて、那覇市内でも、有数の人材が戦前戦後に輩出した。（中略）泊は貧しかったが風水が良く、伝統の美風がつくられた」

将保一家には長男将真のほか、長女清、二女敏子の三人の子どもがいた。晩年自身の人生を振り返った将保が、「共に（子ども三人に）中等の教育を修業せしめた」と語った口ぶりには、自分なりに人生を悔いなく生ききったという誇らしさが感じられる。その意味で、将真は庶民の中から生まれた、正真正銘の民の子であったといえる。

かつて祖先が首里王府に仕えた一家のプライドと、子どもの将来を夢見て懸命に働いた父と母。古今東西、こんな話は珍しくもなかろうが、将真は両親や地域の期待を背負い、豊かな自然が残る野原や川を縦横無尽に駆けめぐりながら、腕白少年として少年時代を謳歌《おうか》した。

成人し、沖縄空手の理論家と評されることになる長嶺将真は、九十年の生涯において空手に関する重要な著作を二冊、世に問うた。二冊目の著作『史実と口伝による沖縄の空手・角力名人伝』（新人物往来社／以下、『名人伝』）に、少年時代の様子が次のように描かれる。

「私の子供の頃の遊びは自然と一体となっていた。泊方面の子供たちは、黄金森《クガニムイ》、高真佐理《タカマサイ》、崇元寺山の松林の中で、木登りや、石投げ、大将ごっこなどをやり、さらに崇元寺橋の安里川の流れでは、泥まみれになってウナギのように泳ぎ、夕方になると近所のお嶽《たけ》や遊び庭で角力《すもう》をとって遊んだものである。それが一日の楽しい日課であった。勉強嫌いの私は遊び仲間のボスであった。体格は小さかったので角力は強くなかったが非常に好きだった」

泊にはシンボルとなる寺院・崇元寺があった。さらに広い敷地内には桃が植え込まれ、春はらんまんと桃の花が咲いた。実が熟れるころになると近隣の悪童たちが競ってもぎ取った。近くには浮縄の真御嶽がある黄金森と呼ばれる森があった。安里川は水がきれいで、ボラの幼魚や川えび、カニなどが多く、空にはツバメが飛び交う光景があった。

瀬長亀次郎と同年生まれ

長嶺より一カ月ほど早く、隣村（豊見城村《とみぐすくそん》）に一人の男児が誕生した。瀬長亀次郎《せながかめじろう》（一九〇七

－二〇〇一）。後に沖縄人民党の書記長を務め、本土復帰後の沖縄で日本共産党沖縄県委員長（全国副委員長兼務）となった人物である。

偶然ながら、長嶺と瀬長は、同じ時期に同じ島で生まれ合わせた。その後、人生の重要局面において互いに何度か交わる運命となる。そのうちの一度は、長嶺の人生に決定的な影響を与えた。

長嶺の同世代の著名人を調べてみると、同年生まれ（一学年上）に北九州出身の作家・火野《ひの》葦平《あしへい》（一九〇七－六〇）がいる。日中戦争に従軍し、「戦争作家」として名をはせた。火野は沖縄への思い入れが強く、一九四〇年、四四年、五四年と、つまり戦前・戦中・戦後、太平洋戦争をまたいで三度沖縄を訪問している。沖縄を題材にした小説も多く残した。本土復帰（七二年）までの期間に限れば、本土出身の作家でもっとも多く沖縄を描いた作家といわれる。

さらに同年生まれの人物として、ノンフィクション・ライターの佐野眞一の手による評伝『旅する巨人～宮本常一と渋沢敬三』の主人公の一人で、民俗学者の宮本常一《みやもとつねいち》（一九〇七－八一）がいる。山口県の離島出身の宮本は、日本全国を調査探訪し、多くの文章と膨大な写真を残した。宮本も六九年、七五年、七六年と沖縄の地を三度訪問している。また、昭和ブルースの女王と謳われた淡谷《あわや》のり子（一九〇七－九九）も同年、青森市で出まれた。

世界で最初の社会主義革命となるロシア革命が起きたのは一九一七（大正六）年、長嶺が小学四年生のときのことだ。後年、警察官となる長嶺は、仕事柄、共産主義者を取り締まる立場となる。沖縄共産党を率いる瀬長亀次郎とは、互いに反目する因縁の関係にあった。

船越義珍と出会う

長嶺は六歳のとき、家の近くにあった泊尋常小学校に入学した。当時、本土よりも少し遅れて、沖縄にも明治期の学制が定着したころだ。小学校に通う子どもの比率が九〇パーセントに達したとされた時期でもある。

この小学校は一八八一（明治十四）年、「教倫《きょうりん》小学校」という名称で開校され、七年後に「泊尋常小学校」（以下、泊小学校）に変更された。

長嶺が入学する数年前には、那覇と首里間に初めて電話が開通している。小学校に入学した年の秋には、那覇—与那原《よなばる》間に最初の県営鉄道（軽便《けいびん》鉄道）が開通した。文明開化の足音は沖縄の地にも確かに届いていた。この年、鹿児島資本の百貨店が那覇に分店を開いた。世界に目を転じれば、第一次世界大戦が始まった。

長嶺が通った当時の泊小学校は二クラス編成で、一クラスは男女共学、もう一つは男子クラスとなっていた。一クラスの人数は五十から六十人。全校で八百人の児童が在籍するマンモス校だった。

一九一一（明治四十四）年の記録では、男子五百四十三人、女子三百三十八人、計八百八十一人とある。給食などまだない時代だった。昼になると家に戻り、食事を済ませたとの記録も残っている。昼食抜きの子もいたことだろう。服装は男女とも着物で、三尺帯を締め、靴は履かず、裸足《はだし》が普通だった。

当時の泊小学校では、年一回、秋に八校合同の運動会が開催された。八校は泊、垣花《かきはな》、久茂地《くもじ》、那覇尋常、天妃《てんぴ》、甲辰《こうしん》、松山、那覇尋常高等小学校で、それが終わると、遠足や修学旅行が開催された。

遠足は一年生は首里城、二年生は垣《かき》の花崎原《はなさきはら》の灯台、三年生が与那原の砂浜で、このとき子どもたちは初めて那覇―与那原間の軽便鉄道を利用し、当時まだ珍しかった鉄道の旅に胸を躍らせた。高学年になると、二泊三日で中頭郡《なかがみ》などへの修学旅行が挙行された。

宿泊するための旅館などまだない時代で、事前に連絡した地元の学校を宿舎として使用した。日ごろ裸足で過ごす子どもたちも、このときだけは草鞋《わらじ》を履いたという。

前述のとおり、運動会は那覇区内の八つの小学校が合同で行い、奥武山《おうのやま》公園（現在、県立武道館のある場所あたり）を使用することが多かった。将真が三年生のとき開催された連合運動会の様子が「琉球新報」（一九一六年十一月十四日付）に掲載されている。

「六千男女の大運動会」との見出しのついた二段の記事によると、天候のため延期されていた連合大運動会が十三日午前九時から開催され、各校の出し物や学校対抗リレーなどが行われた。

この連合運動会は八校で六千人近い児童が参加する壮大なものだった。記事では「観衆約二万五千」ともあるので、相当な規模の運動会であったことがうかがえる。

連合運動会の華《はな》は、各学年から一人ずつ選んで一チーム六人で競い合う学校対抗リレーだった。長嶺の一級下の児童の回想によると、「在学中には男女とも泊が優勝したことはなかった」というが、泊地域の団結力のたまものか、その後は何度か総合優勝旗を持ち帰ったこともあったという。その上で先の新聞記事において注目されるのは次のくだりだろう。

「泊校の琉球男子（唐手《からて》）があったが、唐手は小学校では今回が初めてである」

この運動会が開催されたのは一九一六（大正五）年、沖縄県では一九〇五年から沖縄県立中学校（のちの県立一中、現首里高校）で唐手（＝空手）が正課体育として採用され、学校教育に取り込まれた。

この記事は那覇区（のちの那覇市）の小学校における運動会で初めて唐手が披露されたことを伝えるものといえる。事実それから二日後、首里区の連合大運動会が首里城正殿前広場で開催された記事が「琉球新報」に掲載されている。ここでも唐手が披露され（こちらは「初めて」との記載はない）、「観衆約一万」となっていた。

話を戻すと、那覇区の連合運動会において、泊校の出し物となった唐手を指導した教員こそ、それから六年後に東京にわたり、日本本土で空手普及に半生を捧げることになった船越義珍《ふなこしぎちん》（一八六八－一九五七）だった。『泊小学校創立百周年記念誌』には次の記述がある。

「空手の富名腰《ふなこし》義珍先生、この方の空手指南で当時泊校は奥武山公園での那覇市秋の大運動会には五、六年生の一大群武の空手演技で、いつも呼び物の一つだった。富名腰先生は後、東京にいかれ空手を全国に広められ日本空手道の大恩人となられた」

船越（松濤館《しょうとうかん》空手の創始者、当時四十八歳）がまだ沖縄式に「富名腰」と三文字で名乗っていたころである。長嶺の著書『名人伝』には次のように紹介されている。

「筆者が泊小学校三年の頃（大正五年）、那覇区小学校連合運動会が奥武山公園で行われたことがあった。そのころ義珍先生は泊小学校に教鞭をとっておられて、私たち三年以上の男生徒に『ナイハンチ』と『ピンアン』を教えられ二百名余りで団体演武をしたことがあったが、昨日今日のように思い出される」

長嶺が通ったころの泊尋常小学校

つまり、小学校時代に、長嶺は船越義珍の空手指導を受けていた。かといって、まだ本格的に空手に親しんだわけではない。沖縄という特殊な環境のもとで、唐手のさわりに触れる機会があったというレベルにとどまる。
ちなみに、「ナイハンチ」は首里手《しゅりて》のもっとも基本的な型であり、空手においてもっとも有名な型の一つだ。さらに「ピンアン」は、沖縄で教育目的のために「拳聖」糸洲《いとす》安恒《あんこう》（一八三一－一九一五）が創案したとされる五種類の型のことである。

沖縄で形成された空手は、当時の地域区分によって大きく三種類に分けられた。首里城近辺の士族の間で伝わった「首里手」と、長嶺の生まれ育った泊地域で発達した「泊手《とまりて》」、さらに貿易港として栄えた那覇港周辺で定着した「那覇手《なはて》」である。

「泊手」は、「首里手」の兄弟のような系統であり、手法が似ているため、まとめて「首里・泊手」と称されることもある。このころ沖縄の学校教育に取り込まれたのは、三種類の空手のうち、主に「首里手」であった。

ちなみに、当時「那覇手」の拠点となった那覇は、「那覇四町」という言葉が示すように、沖縄県が設置される一八七九（明治十二）年に泊や久米、久茂地が編入されるまで、もとは海沿いの西・東・若狭《わかさ》・泉崎《いずみざき》の四町を指す狭い地域にすぎなかった。

つまり、「首里手」「泊手」「那覇手」と称される空手発祥の地域は、現在の那覇市にすっぽりと収まるエリア内にあり、車で移動しても三十分以内の至近距離にすぎない。

長嶺少年らの演武する運動会が行われた前年、唐手を学校教育に取り入れた最大の功労者である糸洲安恒が八十四歳でその生涯を閉じた。さらに那覇手の開祖といわれた東恩納寛量も同年秋、六十二年の人生を全うする。二人は沖縄の近代空手史において欠くことのできない人物としてその名をとどめる。

那覇商業学校に進学

長嶺は一九二〇（大正九）年、泊尋常小学校を卒業。彼の小学校時代は第一次世界大戦期とそのまま重なる。

四年生のとき、ロシアで世界最初の社会主義革命が発生（一九一七）。五年生になると、国内で米騒動が起き（一九一八）、巷ではスペインかぜと称する百年に一度のインフルエンザが世界的に流行した。日本国内でも四十五万人が命を落とす事態へつながったとされる。この流行は「前流行」と「後流行」の二度の山があり、沖縄には長嶺が小学六年の十二月ごろに「後流行」が押し寄せ、沖縄県だけで二千人を超える死者が出たという。それでも人口に対する死亡率は一パーセントに満たないものだった。

長嶺が泊尋常小学校を卒業した後、同校は三度の火災に見舞われ、多くの資料が焼失している。その反省から、鉄筋コンクリート造りに改築し、一九四四年の那覇大空襲（十・十空襲）や翌年の沖縄戦では同校の校舎は奇跡的に焼け残った。

泊小学校が焼け落ちた一九二七（昭和二）年の火災の際の校長の名は、長嶺将起《まさき》で、同じ門中姓であるので、長嶺とは遠い血縁関係にあったと思われる。

同校の一九三一（昭和六）年ごろの校長に、許田重発《きょだじゅうはつ》（一八八七－一九六八）の名が残っている。東恩納寛量の直弟子で、剛柔流創始者の宮城長順の兄弟子《あにでし》に当たる人物だ（のちに大分県で東恩流を開く）。

『泊小学校創立百周年記念誌』によると、上級学校への進学状況は、長嶺の五学年上の世代で「十人ほど」、逆に五学年下の時代になると「四十人くらい」「三分の一くらい」という状況だった。つまり、長嶺の卒業した一九二〇年ころには、一学年百二十人中、進学できたのは二十人から三十人ほどだったと思われる。つまり児童の大半が「尋常小学校卒」となっていた時代である。

経済的な余裕があり、なおかつ成績のいい生徒だけが、旧制中学（現在の高校に相当）などを受験し、合格後さらに五年間の修学へ進んだ。それとは別に、尋常小学校高等科（二年間）に進むコースもあった。こちらは師範学校（教員養成）や実業学校（商業学校など）に進むための前段階の課程となるもので、那覇区では那覇尋常高等小学校（現在の上山中学校）がそれに該当した。長嶺が進んだのはこちらの可能性が高いが、記録は残っていない。

那覇尋常高等小学校が開校四十年で発行した『記念誌』（一九二八）年に、長嶺が卒業したと想定される年の三年前（一九一九年）の進学数が記載されている（表1参照、表中の%は著者による計算）。

志望校	志願数	合格数
一　中	40	16（40%）
二　中	55	39（71%）
商　業	95	21（22%）
師　範	1	1（100%）
水　産	3	3（100%）
合計	194	80（41%）

表1　1919年の進学数

『記念誌』には次の解説がなされている。

「一中と二中と志願者の上に変化を見せているが、入学率は一中低く、商業志願の増加ほとんど天井知らずの有り様は当時の社会相を反映している。大正五年と比較して甚だしく入学困難となれり」

実業学校である商業学校への志願数が急増していた時代だった。一九一六（大正五）年の那覇尋常高等小学校から那覇商業学校を志願した者は六十一人、うち合格者二十九人。合格率は四七パーセントだった。それに比べると、わずか三年後には那覇商業の志願者急増とともに、合格率が二割台まで低下している。「狭き門」になっていたことがうかがえる。

長嶺はその「狭き門」となった那覇商業に、一九二二年に入学した。

『那覇商百年史』によると、「四、五倍の志願者の中から選抜される入学者は那覇児を主とした県下のエリート達」と説明されている。

大正 12 年度	1478
13	1362
14	1881
15	1639

表 2　大正 12 年以降の那覇尋常高等小学校全校生徒数

『那覇尋常高等小学校記念誌』には、大正十三年から「漸次男女共学実施」とあるので、長嶺が那覇尋常高等小学校（高等科）に在籍したとすれば、その時期はまだ男子校だった。同校の全校生徒数の記載があるので、念のために記載しておく。表2の年代に、那覇商業へは二十人から三十人くらいの生徒が進学した。

那覇尋常高等小学校を卒業した生徒のうち、旧制中学や実業学校などの「中等学校」に進学できたのは一割から二割程度。就学人口の六割近くが大学・短大に進学する現在からは想像のつきにくい時代といえる。

前述のように、当時は尋常小学校や尋常高等小学校（高等科）を修了し、そのまま社会に出るケースが全体の八割を占めていた。長嶺より二学年下の作家・松本清張《まつもとせいちょう》（一九〇九－九二）も、実際は尋常小学校高等科しか出ていない。

ちなみに長嶺と同い年の瀬長亀次郎は、旧制二中（現那覇高校）に進学後、個人的事情から東京の中学に転校し、七高（鹿児島大学）に進学するコースをたどった。

長嶺が若狭町の一角にあった潮の香漂う那覇商業の校門をくぐるのは、十四歳の春のことである。

第二章　病に伏せり空手で蘇生する

胃腸病で倒れる

現在、那覇商業高校は沖縄県庁からさほど遠くない久茂地《くもじ》交差点のそばに位置する。だが戦前は、その場所にはなかった。長嶺が通ったころの同校は現在の市立那覇中学校の場所にあった。そこは泊港や那覇港などにも近く、さらに遊郭として有名な辻ともさほど離れていなかった。学生気質はバンカラと呼ばれる時代で、〝留年〟するのも珍しいことではなかったとされる。当時の同校は旧制のため五年制の時代で、いまでいえば中学校と高校の一部が一緒になったような位置づけだった。

長嶺将真が六十七歳で最初に上梓《じょうし》した書籍『史実と伝統を守る――沖縄の空手道』(以下、『空手道』)では、「生涯を貫く私の空手道」と題する七ページ弱の自身の簡潔なライフストーリーが記載されている。いわゆる〝自叙伝〟ともいえるものだが、それによると、「那覇市立商業学校二年の時、胃腸病にかかり一年余りも病床にふす身となってしまった」とある。続けてこう綴る。

「顔色もあおざめて、衰弱が甚だしく、学友たちは私を肺結核だと勘違いをして、接近するのを警戒しているほどであった。当時は結核といえば不治の病だったからである。私は黙々として医師の治療を受けていたが、なかなか効果が現われないので、ついに意を決して医薬をすてて、食餌《しょくじ》療法だけに専念することにした」

『那覇商百年史』には、「毎年、落第生（原留）も多く、五年制の学校に六年も七年も在学して伸び伸びと勉強していて……」という記述が見受けられる。当時の那覇商業学校では〝留年〟は当たり前といった校風だったことが明らかだ。

長嶺は病気で「一年余りも病床にふす身となってしまった」というのだから、普通に考えて五年間で卒業したとは考えにくい。ただしそのことについて本人は何も述べておらず、戦災で記録等も失われているため証明できる手段は探せない。

長嶺の著作を精査すると、年号が一致しない箇所が随所に見受けられる。卒業名簿を取り寄せて確認したところでは、長嶺の卒業は一九二八（昭和三）年。第二十一期で卒業した三十四人のうちの一人だった。ただし入学年についての記録は存在しない。学校側に問い合わせても「記録は残っていない」との返答だった。

本人が書いた著作においても、入学年度について、辻褄《つじつま》の合わない二種類の記述が存在する。ここではより早い時期に書かれた記述のほうが正確であろうとの判断と、尋常高等小学校を出た後の年度の接続がスムーズと考えられるなどの理由から、一九二二（大正十一）年に入学し、一年留年して二八（昭和三）年に卒業したという前提に立つことにする。

長嶺の著作を子細に検討するとき、年度の矛盾が生じるのは特段、長嶺だけに限った話でもない。例えば、長嶺の小学校時代に運動会の出し物として唐手（空手）を教えた小学校教師・船越義珍についても、本人の著作において、松濤館道場の完成時期など重要な部分で似たような矛盾が見受けられるからだ。重要な出来事の日時が、正確でない形で記述され、活字に残ってしまった現実があるのは、戦災ですべての資料を失い、記憶に頼って生きてきた沖縄人ならではの事情もあるものと推察される。

当時の那覇商業学校

船越義珍は長嶺より四十歳ほど年長だが、当時の沖縄人は現代人と異なり、細かいことに拘泥《こうでい》しない気質がより強くあったと考えられる。それは宮城《みやぎ》長順《ちょうじゅん》の記述においても同様の指摘がある。私が取材した研究家は、これらの点を指して、「てえげえ気質」という言葉で説明した。「てえげえ」とは「いい加減」という意味の沖縄の方言だ。こうした前提の上で、長嶺のライフストーリーの記述をあらためて読み解いていきたい。

那覇商業学校は一九〇五（明治三十八）年、当時の文部省の認可を受け、全国で三十八番目、九州では十番目の甲種商業学校として設立された。

商業学校が全国的に新設された時代であり、当時の商業は甲種と乙種に分かれていた。甲種の商業からはそのまま上級学校（大学など）へ進学できる特典があった。通常は乙種で認可を受け、多少の実績を積んだ上で甲種に移行する例が多かったという。那覇商業の場合は、最初から甲種の学校として認可された。

当初の那覇商業は、沖縄唯一と謳われた洋式二階建てのビルディング「南陽館」を改造し、急ごしらえの仮校舎を使って授業が始まった。この校舎は大正二年まで十年ほど使われた。その後、現在の那覇中学校の敷地内にあった若狭浦の校舎に移転する。

那覇市は長嶺入学の前年の一九二一年五月に市制施行し、那覇区から那覇市へと改称した。同様に、首里区も首里市となった。それに伴い、那覇商業も、那覇区立商業学校から、那覇市立商業学校へ校名変更している。

長嶺は旧校舎時代の那覇市立商業学校で、十代後半の多感な青年期をすごした。学校まで崇元寺町の自宅（現在の泊一丁目）から速足でおよそ三十分ほどの道のりだった。

同校では草創期の時代から、英語と清語（中国語）の二カ国語を履修させ、一カ月あまりの日程で、販売実習・市場調査および職場の事前調査などをかねて日本各地や中国大陸への修学旅行を実施するユニークな教育活動で知られた。校訓は「士魂商才《しこんしょうさい》」。八代目の校長は、当初の「二十五年間は本校の黄金時代であると思う」と書き残している。ここでの二十五年は一九一六年から三九年くらいまでに相当するが、長嶺の卒業はその間の一九二八年だ。

卒業名簿を見ると、戦後に空手の流派・松林《しょうりん》流を開いた長嶺将真と、のちに同じ流派の高弟となる久志助恵《くしじょけい》（一九〇九－七八）は共に二十一期の卒業生だ。沖縄空手四天王の一人、比《ひ》嘉《が》佑《ゆう》直《ちょく》は二十四期の卒業だ。長嶺は「私より二級後輩だった」（セイケイ出版社編『顕彰・比嘉佑直　究道無限』沖縄小林流空手道究道館連合会）と書いているので、比嘉も留年した口であろう。

長嶺の著作（『名人伝』）によると、当初は柔道部に入部し、先輩の厳しい稽古にもよろこんで参じたと記されている。その後、長嶺は空手に転向した。

空手で克服した持病

長嶺が持病に苦しんだのは、二年生になってからのことだ。長嶺の人生における〝最初の試練〟というべき出来事だった。この「二年生」という時期は、本人のほぼすべての記録で揺るぎがない。本人は「胃腸病」と記しているが、「一年余りも病床にふす身となってしまった」。いまとなってはどのような病気だったか定かでないが、「黙々として医師の治療を受けていた」（『空手道』）。だが効果はなかなか表れなかったという。

既述のとおり、顔も青ざめ、衰弱もはなはだしく、「学友たちは私を肺結核だと勘違いをして、接近するのを警戒しているほどであった」（同前）。相当に参っていたことは確かだろう。

転機となったのは、近所で空手をやっていた久場長仁《くばちょうじん》（一九〇四－八九）から空手の手解きを受けたことだ。長嶺は「自宅の庭で教えてくれた」と書いている。

「大正十二年、私の十七才の夏であった」

数え年を現代式に直すと、十六歳の夏となる。

「毎日少時間ずつ、軽い稽古を続けていくうちに、体調は日を追って回復し、いつのまにか胃病は根治していた」

病に伏した若き日の長嶺を見事なまでに蘇生させてくれたのは、泊の伝統武芸ともいえる空手だった。前述のとおり、空手は地域別に首里手、泊手、那覇手の三種類に分けられた。

首里手は首里士族を中心に嗜《たしな》まれたもので、スピードを重視し、呼吸法は自然体だ。一方、それと対照的な那覇手は、中国武術の影響が強く、力強い呼吸法を特徴とする。動きは重厚だ。これに対し泊手は、首里手に近い技法で、首里手の変形と考えるべきものだ。

泊はもともと地域全体が一つの家族のような雰囲気であり、近隣の先輩が庭で空手の稽古をしているのを見るなどして一緒に始めたものと思われる。『沖縄空手古武道事典』によると、久場は一九〇四年生まれとなっているので、それが正しければ、長嶺の三つ年上だった。

久場は年少のころ、伊波興達《いはこうたつ》（一八七三－一九二八）に師事し、泊手を習った。その伊波は、泊手の中興の祖といわれる松茂良興作《まつもらこうさく》（一八二九－九八）の最後の直弟子とされ、やがて長嶺も伊波から直接空手を習うことになる。後年、長嶺が自分の道場に「興道館」と命名した「興」

は二人の名前に由来する。

その意味で、伊波は長嶺にとって最初の本格的な空手の先生だった。ちなみに伊波は長嶺の父親と同じ年齢だったという。長嶺は八六年に出版した二冊目の著作（『名人伝』）で伊波について次のように記している。

「伊波興達師は泊学生会の空手の指導役として多くの泊の若者たちに翁（筆者注：泊手中興の祖とされる松茂良興作のこと）の武術を教えた。著者自身も師から、泊手のパッサイ、チントウ、ワンカン、ローハイ、ワンシュウなどを受け継いで、現在私の松林流空手道興道館道場でこれらの形を保存し研究をつづけている」

久場は沖縄県立工業学校の卒業となっているので、長嶺にとっては泊小学校時代の先輩に当たる関係だったと思われる。いずれにせよ、空手の稽古が、長嶺を若き日の病から解放してくれたことは確かだった。

沖縄に名を残す空手家の中で、幼少期に体が弱く、空手を通して健康になったという実例は枚挙にいとまがない。安里《あさと》安恒《あんこう》（一八二七－一九〇三、諸説あり）、糸洲《いとす》安恒《あんこう》、喜屋武《きゃん》朝徳《ちょうとく》、知花《ちばな》朝信《ちょうしん》など例をあげればきりがない。ちなみに首里・泊手の空手家は、当時からかなりの長命として知られ、当時においてさえ八十、九十代まで生きた武人は珍しくない。

そのころの泊は、泊小学校から一中、二中、商業、工業などの中等学校（現在の高校）に進学しようとも、毎年一回、夏に泊小学校の校庭を使い、地域単位で合同の「剣道空手道大会」を催す特別な伝統があった。運営主体は泊学生会という名称で、長嶺はその学生会で空手部門のリーダーの役割を果たすまでに成長したという。

久場は長嶺の病気を治すきっかけをつくってくれた恩人というべき存在であり、長嶺が空手の道に入るのを最初に導いた人物といえる。

長嶺が最初に親しんだ空手が泊手であったことは、泊出身者という地域的なつながりとともに、長嶺の空手にとって重要な要素となった。その後、首里・泊手系の武人とされた喜屋武朝徳や本部朝基《もとぶちょうき》からも直接空手を習う機会につながったからだ。

長嶺は数人の空手家から手ほどきを受け、その後「松林流」という自らの流派を立ち上げた。当時の空手は一子相伝《いっしそうでん》の武術というより、複数の武人からそれぞれの得意な型を教わり、習得することが普通に行われていた。

ちなみに長嶺が持病を発症する前年、つまり那覇商業に入学した年（一九二二年）、日本の空手界においてエポックな出来事がいくつも起きている。

一つは長嶺の小学生時代の恩師であった船越義珍が、文部省主催の第一回運動体育展覧会で沖縄唐手を披露するため、県学務課の派遣で上京したことだ。船越は展覧会が終わった後、東京の講道館（旧小石川区下富坂町にあった旧道場）で唐手の演武を披露した。日本体育界の父と謳われる嘉納治五郎《かのうじごろう》（一八六〇－一九三八）の招きによるものだったが、このとき船越は首里手の高度な型であるクーサンクーを自ら演じ、東京商科大学（現一橋大学）の学生だった沖縄出身の儀間真謹《ぎましんきん》（一八九六－一九八九）とともに約束組手を行っている。

文部省主催の展覧会はお茶の水の「教育博物館」（現在の湯島聖堂内にあった）が会場となり、「柔道、剣道、角力、弓術、馬術、野球、庭球、ボート、スキー、ピンポンなどあらゆる男女に関する運動具を網羅」（「読売新聞」一九二二年四月三十日付）した展示物が並べられた。船越も空手の沿革や空手の型などを図示する三つの出品物を用意して出品したとされる。博覧会は四月三十日から五月三十日まで、丸一カ月かけて行われ、その間に随時、演武会が催された。

開催会場となった教育博物館は、同じ敷地内にあった東京高等師範学校（現在の筑波大学）の付属機関だった時期があり、その東京高等師範学校の校長を務めたのが嘉納だった。船越はこの展覧会が終了すればそのまま沖縄に戻る予定でいたが、嘉納の勧めもありしばらく東京に残ることにした。さらに沖縄の唐手を本土で普及する活動に後半生を捧げることになった。

同年十一月、船越（富名腰）は日本で最初の空手教本となる『琉球拳法　唐手』（武俠社）を発刊した。この著作は翌年、関東大震災で紙型が焼失してしまい、それから二年後に『錬膽護身　唐手術』（廣文堂）と改題されて上梓された。

二つ目に、沖縄で実戦空手の使い手として知らない者のいなかった本部朝基が、前年、仕事のために大阪にわたり、のちのちまで語り継がれることになる武勇伝を残したのも同じ時期に当たる。船越が唐手の本を出版した同年秋、本部は京都市のボクシング興行に飛び入り参加で挑戦し、ロシア人ボクサーを一発ＫＯした。

この出来事はそれから三年後の一九二五年、講談社発行の雑誌『キング』（九月一日発行）誌上に、「肉弾相打つ唐手拳闘大試合」のタイトルで九ページの特集記事として掲載された。本土に沖縄発祥の空手の威力を伝えた最初の機会になったと見られる。

その意味で、沖縄の本場の空手が日本本土に本格的に伝わる端緒となった年が一九二二年といえる。それは東京と関西で時を同じくして起きた。長嶺が本格的に空手に出会うことになる那覇商業に入学した年と、それら空手史に残る重要な史実が時期的に符合するのは、単なる偶然とも思えない。

同じころ沖縄では、宮城長順が沖縄警察の巡査教習所の教官となって警察官に空手を教えることになった。同年秋、嘉納治五郎は初めて沖縄を訪問、宮城と面識を持ったとされる。

ともあれ、空手が日本本土に上陸した草創期、沖縄の地で一人の青年が胃腸病に苦しみ、空手を始め、病気を克服したことだけは確かだった。

片道四キロの道のりを通う

人生最初の試練を乗り越えた長嶺は、その後、空手にのめり込むことになる。近所の泊小学校の校庭を使って、毎晩のように稽古に励んだ。指導したのは当時五十歳を超えていた伊波興達だった。長嶺はめきめきと上達し、それだけでは飽き足らなくなってきた。

当時、那覇商業には一つ上の学年に島袋《しまぶくろ》太郎《たろう》（一九〇六－八〇）という空手で名を知られた先輩がいた。首里手の本場とされる鳥堀町《とりほりちょう》に自宅があり、酒屋を家業とする資産家の御曹司だった。空手の「使い手」としての名は学内中に知れ渡っていた。

長嶺は島袋に空手を教えてほしいと申し出た。長嶺は学校の授業が終わると、そのまま首里の島袋の家に通う日々が始まった。

土地勘のない読者には恐縮だが、長嶺の住む泊から、島袋の自宅のある首里鳥堀まで、距離にしておよそ四キロの道のりだ。時間にして徒歩で一時間ほど。首里城を右手にすぎたさらに奥にあった島袋の家は、泊よりも標高が百メートル以上高く、行きは途中からなだらかな昇り坂となっている。稽古は島袋宅の庭先や、近くの墓地を使って行われた。

大正時代の終わり、まだ街灯もない時代である。帰りは月明かりに照らされ、暗い夜道は行燈《あんどん》を持って足元を照らして歩いた。稽古が激しく、疲れると、そのまま島袋の家に泊まり、二人そろって登校することもあったようだ。長嶺は島袋のことを、「兄の友情と激励によって、空手の妙味を覚えはじめていた」(『空手道』)と振り返っている。ちなみに、二人の性格は正反対といってよいものだった。

島袋は尋常小学校(首里尋常小学校と思われる)に入って徳田安文から空手を習うようになり、高学年になると城間真繁《ぐすくましんぱん》(一八九一-一九五七)が担任となった。城間から首里手の空手を本格的に習うようになった。同時に、近所に住んでいた知花朝信からも手ほどきを受けた。

島袋は空手を始めてから身体能力が目まぐるしく向上した。性格的にも武人中の武人の典型ともいうべき気性であり、負けん気が強く、闘争本能にあふれていた。一方の長嶺は、無用な喧嘩は避ける慎重派タイプで、温厚な人柄といえた。青春時代の交遊関係は、性格が真逆のほうが気が合うことも多いようだ。

稽古が終わると、島袋は辻方面に「掛け試し」に行くことも多かったといわれる。当時、那覇の歓楽街である辻で、強そうな武人を見つけては声をかけ、空手の練習試合を行うのである。喧嘩と異なり、通常はトドメを刺すことはなく、一方が負けを認めれば、そのまま終わるというものだった。それでも血気盛んな男同士の決闘のような側面があり、さまざまなトラブルも発生した。だがこうした島袋の誘いに、長嶺が乗ったという話は残っていない。

島袋に師事した沖縄県空手道連盟第四代会長の石川精徳《いしかわせいとく》（一九二五－二〇一三）は、亡くなる四年半ほど前に次のように回想している。

「アンダヤーヌヤマーヤッチィ（島袋太郎のこと）は空手一筋で生涯を終えました。結婚もしないし、子どももいませんでした。世の中の表には出ない達人でした。島袋太郎先生が師事した先生は二十数名います。この人をさておいて沖縄の空手を語ることはできません。この人はまったく表に出るのが嫌いな人でした」

「島袋先生はとても実戦的でした。島袋先生は戦後まで喧嘩ではだれにもひけをとらなかったようです」

島袋は武の真髄を求めて生涯二十人以上の名だたる武人に教えを直接求め続けた典型的な

長嶺を首里手空手につないだ島袋太郎（前列）
提供：上間康弘（後列右から２人目）

〝隠れ武士〟として名を残している。

石川と従兄弟《いとこ》（石川の母親が上間の父親の姉）の関係にある守武館《しゅぶかん》館長の上間《うえま》康弘《やすひろ》（一九四五－）の証言によると、鍛え抜かれた島袋の手は、まるで野球のグローブのように大きかったという。

康弘は父親の上間上輝《うえまじょうき》（一九二〇－二〇一二）とともに親子二代にわたって島袋本人に師事した人物だ。当時、その島袋が師事した中に、一回り年上の新垣安吉《あらかきあんきち》（一八九九－一九二九）がいた。

新垣は首里赤田町《あかたちょう》の酒屋の長男で、足先《そくせん》蹴りの名手として知られていた。新垣について、自身の父親が同い年で父親と仲がよかったと証言するのは前出の石川精徳だ。石川は次のように言い残している。

「新垣安吉さんは足先蹴りが得意で、足の親指と人差し指をリングで固定し、爪先で歩く訓練をしていました。自分でつくった藁草履《わらぞうり》をいつも履いていました。教室の壁に節穴をあけるほど強かったといいます」

「名護の東江松蔵はウフヤーヌヤッチー（筆者注：新垣安吉のこと）に蹴られて一命を落とした、といいます」

当時、首里鳥堀町、赤田町、崎山町の「首里三カ町」は唐手の先進地として有名で、この地域には琉球政府公認の泡盛《あわもり》製造所が集まっていた。そのため盗賊などから守るために武術が発達した地域とされる。首里城に勤務する首里士族の多くが住む城下町であり、首里手が発達した本場の土地柄といえる。新垣は島袋の家と同じく裕福な家柄であり、一日中、唐手のことを考えていられる経済的な余裕があった。

十代後半のころの一回り上といえば、かなり年上に見え、島袋にとって新垣は頼りがいのあるよき兄貴分だったことだろう。長嶺はその島袋のもとに二年ほど通い続け、十九歳になったころ、島袋から直接新垣を紹介されている。長嶺はこう書き残す。

「私は二十才の時に、同志島袋太郎兄の紹介で、安吉先生の指導を初めて受けることが出来た。その頃安吉先生は二十八才であった」（『空手道』）

ここでいう「二十才」は数え年なので、実際は十九歳である。長嶺が商業学校の高学年になって、本格的な〝空手の師〟となる新垣安吉から、直接指導を受けるようになった。その結果、空手を「三度のめしより好きになっていった」というほど空手への愛着が深まった。魅力の根源はどのへんにあったのか。

「先生の空手に対する新しい考え方、科学的な説明、さらに故事を引用した武道の話など、最初の指導を受けた日からすっかり魅了されてしまった。一年間先生の下で学び、その後筆者は兵役に服した。大分歩兵連隊で一年半を過ごし除隊して再び安吉先生に師事できた。先生の深い知識、空手のみならずさらに武芸諸般にわたる広範な研究的態度には心を動かされることがたびたびであった」(『名人伝』)

一般に、当時の空手家は丁寧に技術を教えるといった指導方法は取っていない。平たくいえば、詳しい説明をしない。いわゆる見て覚えろ式の教え方が当たり前の時代だった。そんな長老クラスと比較して、新垣は長嶺と年齢が近かったせいもあってか、合理的な説明を加えて教えてくれたようだ。その点に長嶺はいたく感動したようだった。

「新垣先生は、太郎兄と私の二人をこよなく愛して下さった」(『空手道』)

長嶺の新垣を信頼する気持ちの強さがうかがえる。ちなみに新垣も小学校時代に、城間真繁から、中学に入ってからは花城長茂《はなしろちょうも》から空手を習い、中学中退後は小林流の知花朝信に師事した。その後、嘉手納《かでな》で教えていた喜屋武朝徳の弟子となった。つまりこの時点で、長嶺は喜屋武朝徳の〝孫弟子〟に当たっていたことになる。

新垣安吉から教わったこと

喜屋武朝徳と新垣安吉、島袋太郎の関係については、島袋に師事した小林流の空手家・村上《むらかみ》勝美《かつみ》（一九二七－）が次のように書いている。

「喜屋武朝徳先生には、非常に期待をかけられたふたりの弟子がいました。ひとりはウフヤーグヮーと言われる新垣安吉先生、ひとりはヤマトーアンダャーグヮーと言われる油谷山人こと島袋太郎先生です。喜屋武先生はこのふたりにはほんとうに期待をかけ、すべてを打ち込んで指導されたそうです。ふたりには、空手だけでなく、武の修業は、酒を飲むことも修業、女と遊ぶことも修業、あらゆる場合において武は練らねばほんとうでないと言って、あらゆることをさせられたそうです。その場合は、つねに武才のことを頭からはなさず、ふたりに教えられたそうです」（『空手道と琉球古武道』成美堂出版）

先ほどの石川精徳の証言によれば、嘉手納に住む喜屋武が首里に来た際に泊まるのは、島袋太郎の家であったという。

「島袋さんは喜屋武先生から自分の酒造所の麹《こうじ》小屋で稽古をつけてもらっていました。長嶺先生は島袋先生の弟子でもあります。喜屋武《ママ》（筆者注：「長嶺」の誤記と思われる）先生は人格者で喜屋武先生、島袋先生、新垣先生がなされたようなことはできないが、社会的に貢献できる人材の育成ということで、多くの門弟を育てられた。長嶺先生は真面目な人でした」（『沖縄小林流空手道協会誌』）

再び、村上勝美の話に戻ろう。

「どこへ行くにも、新垣安吉、島袋太郎の両先生が喜屋武先生のお供をして行ったそうです。喜屋武先生は、辻の遊郭で、座敷にすわっていても、つねに武のことについて、弟子と語り合う人であったそうです」（同前）

村上の記述によると、喜屋武朝徳は金が入れば全国各地へ旅に出る癖があったという。そのときこの二人の若い弟子が同行したこともあったという。

「喜屋武先生は、新垣、島袋の両先生を連れて、北海道まで武者修行の旅をされたそうですが、各地で空手の紹介をするときは、演武会とは書かずに、とび入りどなたでも歓迎と書かれたそうです。あるとき、徳三宝《とくさんぽう》（戦前の著名な柔道家）がとび入りしたそうですが、そのとき喜屋武先生は、新垣、島袋の両先生に、相手の様子をよく見て、受けてさがりなさい。幕のところまで追いこんでくるようだったら、そのときは突き殺しなさいと言われたそうです」（同前）

以上のエピソードについて、守武館館長の上間康弘も次のように証言する。

「喜屋武朝徳先生のもとで、島袋先生にとって安吉先生は兄弟子であったそうです。三人で行動することも多く、三人で本土に行ったという話を私も聞いたことがあります。安吉先生と島袋先生は、二人で一緒によく掛け試しに行ったようです」

先の『空手道と琉球古武道』は次のエピソードも紹介している。

「喜屋武先生のお宅へ、新垣先生や島袋先生が夜げいこに行くとき、ちょうちんを持って庭からはいると、喜屋武先生が、それはいけない、夜暗いときでも目がきかなくてはいけない、と言われたそうです。けいこをするのは暗いときで、外に水をまき、足場の悪いところでけいこをさせたそうです」（同前）

後年、長嶺が喜屋武朝徳から直接習う機会を得たのも、新垣の教えを受けていた縁による。新垣安吉は空手だけでなく、沖縄由来のさまざまな文化についても造詣《ぞうけい》が深かった。長嶺は書いている。

「武道一辺倒の硬骨漢ではなく、芸道を解し、風流を知る、異色の武人であった」（『空手道』）

琉球舞踊も新垣の影響を受けて興味を持つようになった一つだった。あるとき、新垣は長嶺に次のように諭したという。

「武道家には無芸大食《むげいたいしょく》が多いが、そうなるとどうも酒に走りすぎる。生涯をかけて武を追求したければ、酒を慎む上からも、また人間性を豊かにする意味からも、沖縄の芸道の一つ二つは趣味としてもった方がいい」（『名人伝』）

そうした助言を忠実に守ったのか、長嶺は次のように綴っている。

「琉歌や琉舞に関心を示すようになったのは先生のおかげであり、空手以外にも先生に負うところは大きくつねに感謝の念をもちつづけている」（同前）

さらに印象に残っている新垣の言葉として、長嶺は次の言葉を紹介する。

「空手道は沖縄の祖先の残した立派な文化財であるが、これの研究に一生をかけようと思うなら、まず生活を確保してかかることだ」（『空手道』）

同じころ、那覇商業の後輩に比嘉佑直がいた。比嘉はこのころ野球部に所属してファーストの選手として活躍するかたわら、自己流で唐手も行っていた。比嘉は狭義の意味の那覇出身者であり、戦前は剛柔流の新里仁安《しんざとじんあん》から直接手ほどきを受けた時期もある。新里は剛柔流を開いた宮城長順の一番弟子とみなされた人物で、比嘉佑直にとっては商業の十期以上離れた大先輩でもあった。ちなみに期数（卒業年）でいうと次のようになる。

新里　仁安　12期
島袋　太郎　20期
長嶺　将真　21期
比嘉　佑直　24期

ともあれ、商業時代の長嶺は、病気を克服した二年生以降は、空手一辺倒の生活となったことは間違いない。

長嶺の著書『空手道』には、自身の上半身の裸体の写真が時代ごとに掲載されている。十九、二十二、三十一、四十六、五十四、六十五とほぼ十年刻みの年齢（いずれも数え年）のものが掲載されているが、十九の写真（厳密には十八）はすでに堂々たる肉体で、まるでレスリング選手鬼気を思わせる迫力がある。このうち十九、二十二、三十一の写真は沖縄戦で焼失したはずだが、なぜ残っているのかは定かでない。

中国出兵の兵役

那覇商業学校の最終学年となる五年生の年、長嶺は当時の男子に義務づけられた徴兵検査を受けた。法令では二十歳となる年齢で受けると定められていた。このとき見事に甲種合格（最高の評価）を果たす。『空手道』にはその喜びを次のように記述している。

「私はすでに健康そのものであった。背丈は五尺三寸、とりわけ高い方でもなかったが、骨格は病弱時に比べると誠に驚くばかりに発達していた。私に対する学友の見方も一変し、私は『ガージュー松（根性の強い松）』というあだ名をもらうくらいになっていたので、徴兵検査にはわれながらみごとに歩兵に甲種合格したのである」

ちなみに五尺三寸は、百六十センチほど。当時の徴兵期間は二年と定められていたが、一定の教育を修了した者は、半年間の在営期間の短縮が行われた。当時の入営日は十二月一日と決められていたようだ。

本来なら各都道府県別に設置された部隊に配置されるはずだが、日本で唯一、沖縄県だけが例外とされた。大江志乃夫《おおえしのぶ》著『徴兵制』（岩波新書）には次のように説明されている。

「歩兵連隊はすべて、相互に隣接する郡市を地域ごとにまとめた同一連隊区からの徴集兵で編成され、いわゆる郷土部隊をかたちづくっていた。郷土部隊を持たなかったたったひとつの例外が沖縄県であった。沖縄県への徴兵令の施行が時期的に遅かったからではない。おなじように遅かった人口の少ない北海道にも、北海道出身者を基幹とする郷土部隊として歩兵四個連隊が置かれた。沖縄出身の兵士は、ひとつの歩兵連隊に入営することなく、九州所在の各師団の歩兵連隊に分散入営させられた。沖縄県民を植民地の被支配民族なみに扱ったのであった」

つまり、沖縄で徴兵検査に合格した初年兵は、九州各県に〝分散配置〟されたのである。例えば、長嶺の場合は大分の歩兵連隊に、同学年の瀬長亀次郎は熊本野砲六連隊、四学年下の宮《みや》城嗣吉《ぎしきち》は長崎の佐世保海兵団、八木明徳《やぎめいとく》は宮崎の都城第二十三連隊といった具合だった。『徴兵制』には次のようにも記されている。

「地域的な排他性がとくに強い九州で、しかも軍が郷土の団結を連隊団結の基礎として鼓吹する風潮のなかに、沖縄県出身兵が少数ずつ分散配置された結果は、明白であった。沖縄県出身兵に対する兵営内でのはげしい差別であった。方言の違いは、差別をいっそう大きくした」

長嶺は在学中の一九二七（昭和二）年暮れ、大分歩兵第四十七連隊に入営した。翌年五月には中国山東省で「済南《さいなん》事件」なる事件が発生し、実際に現地へ出兵している。

済南事件は、日清戦争以来の日中の軍事衝突といわれる歴史教科書に記載されるほどの事件で、後年、満州事変以降の日中戦争の〝前哨戦〟と位置づけられることになった武力衝突だ。

『地域別日本陸軍連隊総覧』（「別冊歴史読本」特別増刊第24号、新人物往来社）の大分歩兵第四十七連

隊の項で、「万里の長城で来《ママ》り広げられた攻防戦」として、この事件のことが取り上げられている。少し長くなるがそのまま引用する。

「連隊が初めて異国の地を踏んだのは第二次山東出兵だった。昭和三年二月、一度引き返した南京の国民政府軍は再び北上を開始した。連隊は四月二十日、派遣の命令を受領し二十二日出撃準備完了、二十四日営門を出て夕方には門司を出港するという慌ただしさで済南へ向かった。青島《チンタオ》に上陸した連隊は、ただちに貨物列車に乗り込んで済南をめざした。二十八日済南入りし同地の警備に当たっていたとき、国民政府軍が済南に入った。五月三日、国民政府軍と日本軍の小競り合いが、たちまち市街戦に発展した」

陸軍参謀本部が編集した『昭和三年支那事変出兵史』（巌南堂書店）によると、大分歩兵四十七連隊千人を含む総勢五千人と、馬三百六十頭を乗せた「海久丸」は、四月二十四日に門司港を出港した。三日後の二十七日に中国・青島に到着する。そこから全兵力は三つに分かれ、貨物列車に乗り込んで済南をめざした。

青島駅を出発した時間は、第一列車が午前十一時十五分、第二列車が午後四時二十分、第三列車が午後七時十九分となっている。翌二十八日の午前中、各列車が続々と現地に到着した。

済南は山東省の中心都市で、黄河流域の交通の要衝に位置する。日本政府は蔣介石《しょうかいせき》の率いる国民政府軍の北伐が進む中、居留民保護を名目に第二次山東出兵を行い、済南に陣を敷いた。長嶺もその一員として参加したわけである。

五月三日から四日にかけ、日中両軍が本格的に衝突し、戦闘は十一日まで続いた。中国側は千人の死者を出したものの、日本軍の被害は少なかったとされる。歩兵四十七連隊から参加した千人のうち、死者は六人、負傷者は十九人と記録されている。

『地域別日本陸軍連隊総覧』の記述によると、全体の戦闘は次のようなものだった。

「済南小学校にあった連隊はただちに友軍の支援行動を始め、中国軍の砲火の中を銃剣突撃や斬り込みで向かっていった。八日、連隊は済南城の攻撃に向かったが中国側の抵抗は激しく、連隊は鉄扉の前に立ち往生した。済南城内の中国軍は膠済鉄道を砲撃し輸送を停滞させていて、連隊は一日でも早く城内に突入することが要求されていた。十日、連隊は夜襲を敢行した。この攻撃は連隊の全兵力が投入され、予備隊や伝令まで突撃要員となった。深夜になってようやく鉄扉を破壊して突入を開始し、これとともに中国軍も退却、翌朝、城門を完全占領した」

これにより、中華民国のトップである蔣介石は日本軍との全面衝突を避け、本隊を迂回させ、北京《ぺきん》をめざす方針を立てた。それに伴い、日本軍も翌年五月末に撤退する。長嶺は『空手道』に次のように記している。

「現役中、昭和三年四月、済南事変に参加したので、その地で中国拳法を研究しようと機会を探したがかなわず、中華民国国術の本以外に得ることはできなかった」

そのころの長嶺は戦地においてさえ、空手へのあくなき探究心が頭から離れなかった。本格的な戦闘が終わった後は、おだやかな駐留の日々だったことがうかがえる。

長嶺は日本軍の撤退とともに本土に戻り、一九二九年六月ごろ満期除隊となった。入隊から一年半の月日がすぎていた。沖縄に戻ったころは二十二歳になっていた。

師匠との離別

その後、新垣安吉のもとに帰琉の報告に出向いたことは間違いない。沖縄に戻った後も、しばらくは新垣から空手の指導を受けた時期があったからだ。このころ、東京ではある異変が起きていた。

船越義珍の型を中心とした沖縄式の指導法に飽き足らず、血気にはやった東京帝国大学の学生ら二人が、夏休みを利用し、はるばる沖縄を訪問したからだ。彼らは当時の沖縄空手家の重鎮たちを訪ね歩いた。本場の型を独自に収集し、翌年、大胆にも『拳法概説』（東京帝国大学唐手研究会）として出版した。

このとき東京帝国大学経済学部二年生の三木二三郎《みきじさぶろう》（一九〇四－五二）らと中心的に接触した地元空手家は、大城朝恕《おおしろちょうじょ》（一八八七－一九三五）だったとされる。大城の紹介で屋部憲通《やべけんつう》（一八六六－一九三七）、喜屋武朝徳、宮城長順、屋比久孟伝《やびくもうでん》（一八七八－一九四一）といった当時のそうそうたる武人を五十日かけて回った。『拳法概説』の復刊にあたり解説を寄せた金城裕《きんじょうひろし》（一九一九－二〇一三）は、三木と大城との関係について次の逸話を紹介している。

「三木が影響を受けたと思われる人物のひとりとしては、大城師範と懇意にしている若手の空手家に、新垣安吉という方がおられた。新垣は自分の愛人を大城家に預かってもらうほどの懇意ぶりだった。この空手の奇才新垣氏は、技にスピードと破壊力をつけるための、当時としては珍しい科学的なトレーニング法を考案しておられた。三木が大城道場にお世話になった頃は体調を崩しておられたが、大城道場で三木と空手談義に花を咲かせたようである。この新垣の話から恐らく三木は、空手に斬新なものを感じ取ったに違いない」

金城裕は沖縄出身の空手家で、本土の東京で活躍した人物として知られる。金城は大城朝恕から直接空手を習い、同級生である大城の長男とも親しい間柄だった。そのため大城経由の金城の話は信ぴょう性が高いと思われる。

当時、沖縄空手界の大家はもれなく明治式の指導法であり、技の意味を懇切丁寧に解説する指導者などいなかった。そんな中にあって、新垣の科学的な指導法に、東大の現役学生であった三木は影響を受けたに違いないというのが金城の見立てだ。

このころ空手界の異変と別に、一般社会でも大きな変化が起きていた。秋から始まった世界恐慌の波である。長嶺は当時の師である新垣安吉についてこう書き残している。

「先生は富裕な家庭で育ち、武芸三昧の生活を送ることを許されていたわけだが、家業の酒屋が第一次大戦後の不景気のあおりで不振になり、さらに悪いことに、父親が亡くなられたりの不運にあい、家業が傾きはじめ、先生は苦境に立たされ、再建に努力されたが、不況はますます続き、先生は病を得て病床にふす身となってしまった」(『空手道』)

富裕な酒屋の長男として、経済的にほとんど苦労せずに済んだ新垣が、不景気の波と父親の死、さらに背負わされた重責から病気を患ったという。

同じ首里鳥堀町で空手道場を開く前出の上間康弘は次のように解説した。

「私が安吉先生の近しい弟子であった島袋太郎先生から直接伺った話ですが、当時、安吉先生は性格的に荒れていて、家の中で壁という壁に突きや蹴りを繰り出すような精神状態だったと聞いています。私の経験から推測すると、心筋梗塞などの病気で胸をかきむしられるような痛みがあって、その痛みを和らげるためにそうした行動に出た可能性もあると考えています。同じ病気を患った私の経験に基づく推測です」

一九二九年が押し詰まった十二月二十八日、新垣安吉は三十歳の短い生涯を終えた。

長嶺にとっても、島袋にとっても、相当にショックな出来事だったに違いない。長嶺は二十年以上たってから、雑誌で次のように振り返っている。

「当時の兄弟子島袋太郎兄のところで二ケ年間泊より首里の鳥堀まで徒歩で往来し兄の友情と激励によりある程度空手に対する認識を深めたのであるが、これが食事よりも好きになり心から興味を覚えるようになったのは二人を非常に愛撫してくれた恩師故新垣安吉氏に教導されたからである。（中略）思慕《しぼ》の念はいまなお脳裡にありて毎年十二月二十八日の命日には嘉手納の師の墓前で恩師を思う子弟が集まって霊を慰めている」（『月刊空手道』一九五七年二月号）

数え方にもよるが、九十年に及ぶ長嶺の生涯の中で、空手の指南を本格的に受けたといえる恩師は四人いる。順に伊波興達、新垣安吉、喜屋武朝徳、本部朝基の四人だ。中でも心から敬愛の念を抱いたといえるのが年齢の近かった新垣であった。

新垣の空手は知花朝信や喜屋武朝徳の影響を受けていたため、系統でいえば純粋な首里手というよりも、首里手と泊手の折衷だった。さらに独自に考案したさまざまなトレーニング法を駆使して自己鍛錬に励んだ。

長嶺は那覇商業学校時代の高学年だった十九歳から一年あまり、新垣から空手やさまざまな人生経験を学んだ。さらに兵役を終えて帰郷した後も数カ月にわたり直接教わっている。それでも師事した期間はトータルで二年に満たないと思われる。

新垣は空手だけでなく、私生活においてもその後の長嶺に多大な影響を与えた。商業学校生の長嶺に遊郭の辻での遊びを教えたのも新垣だったと思われる。もっとも当時の辻は、那覇にあっては唯一の社交場といえる場所であり、日本本土の遊郭とは意味合いがまったく異なっていた。ここで新垣とも関係の深い辻について触れておきたい。

新垣安吉

現在の辻町と同じ地域にあった辻には、三百の楼《ろう》に約三千人のジュリ（遊女）がいたとされる。ここは女だけが取り仕切る独特の世界であり、古くは中国からの要人や首里士族をもてなす場所として発達した。本土の遊郭と異なるのは、士族相手の遊び場であるので、女性たちは琉球舞踊や楽器に堪能で、一般の女子よりも高い教養を有していたことだ。金儲けのために運営される本土の遊郭と違い、人情や義理、恩に報いるといった人間の基本的な機微が根強く残っていた。ジュリは自分の部屋を持ち、自分の家具を持つ。有力な固定客を二、三人持てば生活は保証された。客が来れば部屋に泊め、食事をつくるなど、夫婦同然の関係を持つ場所であった。そうした場所であっただけに、本土から来た客の中には、辻の人情の機微にほだされ、そのとりことなる者も多かった。

長嶺と同じ一九〇七年生まれの作家、火野葦平もその一人だった。彼の沖縄滞在中を描いた作品（短編集）は一冊の本になったほどだ。

当時の沖縄の男子は十五歳で元服し、初体験を辻で済ます者が多かったとされる。また辻が日本本土の遊郭と違うところは、そこが単に性を売り買いするだけの場所ではなく、ほかに社交場のなかった沖縄では、普通の友人らとの飲み会の場所などとしても日常的に使われたことだ。大きな宴会が催されるときは、同じ楼の複数のジュリの部屋のふすまを取り外して大部屋にしつらえ、宴会を開くといった具合で、辻は料理屋を兼ねていた。当時の沖縄社会において、辻は同じ生活空間を共にする生活の場にほかならなかった。その意味でも、日本本土の遊郭とはかなりイメージが異なる。

当時、那覇商業学校を卒業し、兵役をへて沖縄に戻ってまもなかった長嶺にとって、当面の差し迫った課題は、世界不況の最中、どのように安定した職を確保するかだった。亡くなった新垣が折にふれて語った言葉が脳裏をよぎったはずだ。

「空手の研究に一生をかけようと思うなら、まず、生活を確保してかかることだ」

稽古に没頭する日々の中で、長嶺は警察官採用試験を受けることを決意する。

第三章　警察官時代

巡査試験に合格

長嶺将真が沖縄県警の巡査試験に合格したのは、満州事変が発生してまもない一九三一（昭和六）年秋のことだった。同年十一月、第六十三期生（十八人）の一人として、巡査教習所（警察練習所）の門をくぐった。二十四歳。中国済南から復員して二年がすぎていた。

長嶺に関する年表を作成すると、前年は空白となる年であり、このとき一度警察試験を受験した可能性がある。『空手道』に次の記載がある。

「無事に満期除隊して帰郷したとき、私は将来の職業について考えてみた。自分の趣味である空手を研究しつつ、それも職業によって生かせるところ、それは警察以外にない、と考えて、昭和六年九月、沖縄県巡査を拝命したのである。まだ学問的に系統づけられていない郷土沖縄の空手を科学的に研究したいという意欲と、また空手による心身錬磨の修行ということが日夜私の念頭から去らなかったので、警察こそわが天職と見なしたのであった。法律を勉強して早く出世したいという考えよりも、空手道そのものに没頭できることが何よりもうれしくて、まるで国から俸給をもらって武道専門学校に通わせてもらっているようなものだと内心思っていた」

〝武道専門学校〟の言葉どおり、空手だけでなく、柔道や剣道にも打ち込み、それぞれ初段と三段の腕前となった。私の手元に、長嶺が九一年に警察関係者から聞き取りされた際のインタビューの記録がある。それによると当時の状況は次のようなものだった。

「かなり不景気で就職も厳しい状況でした。警察官も、わずか二十名くらい採用するのに百名近くの人が受験しました。希望者の中には中学を卒業した者も多くいました。私の時は十八名合格しました」

十八名のうち中学卒業以上（現在の高卒以上）は長嶺を含めて三人ほどだったという。うち一人は日本大学を卒業した野球の名選手で将来を嘱望されていたというが、仕事になじめず巡査部長で辞めたという。

当時、教習所では三カ月間の研修が行われた。研修期間は全寮制で、まだ完成していなかった武徳殿（現在の沖縄県議会議場付近）の裏手に、警察学校の教養室と炊事場、さらに宿泊寮があった。武徳殿《ぶとく》が完成するのはそれから八年後（一九三九年六月）のことである。教習所の裏側には、警察部長官舎と那覇署長官舎があった。入寮者への貸与品は、制服、制帽、サーベル、警察手帳、捕縄《ほじょう》などだった。

ある日、非常召集の訓練が行われたという。抜き打ち的に召集をかける訓練で、与那原街道《よなばる》を通り抜け、那覇市から東に九キロほどの場所にある馬天《ばてん》（現、南城《なんじょう》市内）まで行くよう指示された。このとき長嶺は十八人中二番で到着したという。徒歩ではなく、人力車で駆けつけた猛者もいたようだ。

九三年発行の『沖縄県警察史　第二巻（昭和前編）』（沖縄県警察本部）で、長嶺は当時の様子を次のように語っている。

「私は以前から空手をしており上半身は鍛えていたが、下半身が弱かったため、教官の許可を得て、毎朝、朝礼が始まる前に波之上《なみのうえ》（筆者注：地名、那覇市内にある浜辺）や垣花ウェディングまで駆け足をして下半身を鍛えていた」

『沖縄県警察史（昭和前編）』によると、沖縄の巡査教習所で空手が取り入れられた時期は早く、一九二二年ごろ。正式に柔剣道と同様の正科目になったのは一九三四年七月のことだった。当時、警察で空手指導を担当したのは剛柔流の宮城長順《みやぎちょうじゅん》である。これが宮城と長嶺の最初の出会いと思われる。宮城は四十三歳で、長嶺より二回りほど年長だった。長嶺はこう振り返っている。

「空手は必修科目で宮城長順先生の担当だった。私の空手（松林流）は首里手、宮城先生の空手は那覇手だから、先生の剛柔流の形は習わなかった。当時は段位というものはなかった」

当時の空手家には首里手と那覇手は混ぜてはならないとの不文律があったようだ。長嶺の空手は首里・泊手なので、那覇手（剛柔流）の型は習わなかったと書いている。武人の中の武人としての名を残す宮城長順からすれば、こんな新人も珍しかっただろう。流派が異なるので型を習わないとの気持ちは理解はできるものの、仕事上はいささか偏狭なあり方にも思える。それだけ、長嶺は首里・泊手へのこだわりが強かったと思われる。

現在も剛泊会《ごうはく》という団体は剛柔流と泊手の両方を行うし、本土の糸東流も剛柔流と小林流の双方の型を行う。座波心道流《ざはしんどう》は首里手ながら、那覇手の代表的な型の一つであるサンチンを首里手ふうにアレンジして行っている。後年、宮城長順が長嶺について次のように語った事実は、宮城から見た長嶺の弱点をとらえた言葉だったかもしれない。

「サンチンの味がわかればすばらしくなっけどなー」（濱川謙『世界の文化遺産　沖縄空手の巨星たち』新星出版）

技に速さがあると定評のあった長嶺に対し、宮城は技の威力がまだ十分でないとの印象を持っていたことをうかがわせる言葉とも解釈できる。

その後宮城は、船越義珍《ふなこしぎちん》とは対照的に、沖縄に腰を落ち着けながら、京都の大日本武徳会（当時の武道界の総本山のような団体）と密接な関係を持ち、当時まだ武術的評価の低かった空手が、柔道や剣道と同等の地位を得られるように献身的に動いた。その関係で、長嶺を武徳会に紹介もしている。その結果、長嶺は一九四〇年に京都の武徳祭で演武を行う機会を得て、「空手術錬士《れんし》」の称号を贈られている。

四一年には長嶺はいまも沖縄で使われる入門型「普及型Ⅰ」を、さらに宮城自身も「普及型

Ⅱ」を考案した。普通に考えれば、先輩である宮城がⅠを称し、後輩の長嶺がⅡとなってもよさそうなところを、逆に長嶺を立てた形となった。

長嶺は宮城とは流派を完全に別のものと考えていたが、宮城に目をかけられることになったきっかけは先述のように警察学校での出会いがあったからと考えられる。

初任地の嘉手納署

新人研修が終わると、それぞれの初任地が発表された。長嶺の赴任先は那覇から二十キロほど北に位置する嘉手納《かでな》署だった。

現在の沖縄には、鉄道といえるものは那覇空港と首里・浦添《うらそえ》方面間を結ぶモノレール以外に存在しない。当時は軽便鉄道が那覇駅（現在のモノレール旭橋駅付近）を起点に、南は糸満、東は与那原、北は嘉手納を結んでいた。これらの路線は一九四四年の米軍による空襲で藻屑と消えるが、当時は那覇と嘉手納間は片道一時間ほどで結ばれていた。

「カデナ」の三文字（辞令）を聞いて、長嶺は小躍りして喜んだに違いない。なぜならそこには亡き師・新垣安吉《あらかきあんきち》の師匠に当たる喜屋武朝徳《きゃんちょうとく》が健在だったからだ。当時、喜屋武は六十一歳。『空手道』に次の記述がある。

「私は最初の赴任先、中部地区嘉手納署に勤務していたが、この期間は私にとって特に貴重なものとなった。私はこの時に、私の最初の恩師である新垣安吉先生の師、空手界に名高いかの『チャンミー小《グヮ》』こと喜屋武朝徳先生の直接指導を仰ぐことが出来たからである。そして師は、私が深くその影響を受けることになった二番目の恩師である」

　さらに次のように書く。

「私はまさに好機到来と喜んだしだいである。以前に新垣先生や島袋太郎兄を通して学んでいたところの喜屋武先生得意の『パッサイ』『チントウ』『クーサンクー』の形をじきじきに学ぶことができたからである」

当時、比謝橋《ひじゃばし》近くに住んでいた喜屋武は、自ら道場を開いており、長嶺は勤務の合間をぬってそこに通ったと見られる。長嶺の回顧談を親しく聞く立場にあった元琉球新報記者の濱川謙《はまかわけん》（一九四〇－）の証言によると、喜屋武は懇切丁寧に指導するというよりは、淡々とした様子で共に稽古するといった感じだったようだ。長嶺は喜屋武の自宅でよく水汲《く》みをさせられたと語っていたという。当時の長嶺は軽便鉄道で嘉手納まで通っていたという話もある。さらに自転車で通った話も残されている。

　喜屋武朝徳との関係でいえば、長嶺と喜屋武が一緒に写った写真は実は一枚も残されていない。さらに喜屋武のもとで長嶺と一緒に稽古を

嘉手納署時代に教えを乞うた喜屋武朝徳

したという第三者による証言も見当たらない。推測するに、この間の師弟関係は、喜屋武が嘉手納署で空手を教える際に指導を受けたほか、喜屋武の自宅で共に汗を流すといった関係だったのではないか。それでも当代随一の武人として名高かった喜屋武から直接指導を受けたという事実は確かだ。

十年後、長嶺が崇元寺で十二坪の道場を新築した際、喜屋武は高齢にもかかわらず、自ら足を運び、パッサイの型と棒の型を披露した。

このときこそ記念写真を撮った可能性があるが、それから三年もたたず、那覇市内は米軍の大空襲によって道場もろとも灰塵《かいじん》と化す。同じく長嶺の自宅も全焼した。

喜屋武は、首里手の中興の祖とされる松村宗昆《まつむらそうこん》（一八〇九－九九）の晩年に直接師事した武人として知られ、体は小さかったものの、相当の達人と認められていた。長嶺は喜屋武の師匠である松村宗昆の「松」と本部朝基の師である松茂良興作の「松」をとって、のちに松林流を創設したが、現在の松林流に伝わるパッサイ、チントウ、クーサンクーの三つの型は、長嶺の言葉どおり、喜屋武朝徳直伝のものとされる。いずれも泊手をまじえた動きであり、「泊パッサイ」「泊チントウ」「北谷屋良《ちゃたんやら》のクーサンクー」とも別称され、純粋な首里手のそれとはやや異なる演武線が特徴だ。

長嶺の『名人伝』によると、北谷屋良は首里王府から馬場管理人として派遣されていた役人で、松村宗昆よりも年下だったという。武技の深さにおいては宗昆に劣らない実力者として知られていたという。その北谷屋良から喜屋武朝徳が直々に学んだとされるクーサンクーは、長嶺が創設した松林流において、「修行の最後に学ぶ形として残っている」。喜屋武と北谷屋良には次のような逸話もあったという。新垣安吉が喜屋武から聞いた話を、新垣から長嶺に伝えた内容である。そのまま引用する。

「北谷屋良翁の若い頃は超人的な身の軽さと強靱な足腰の持ち主であった。比謝川に架けられた比謝矼《ひじゃばし》の橋詰から飛び降りて瞬時に反対側の橋詰に渡り《ママ》さらに飛鳥のような身のこなしで橋の上に戻るという技をやってのけたということだ。しかし、わたしは教えを受ける頃にはもう体力もだいぶ衰えておられ、杖をついての歩行であった。ところがある日の夕暮れのこと、自宅の庭先で二、三人の弟子に武術の講義を行ったあと実技を披露するに及んだとき、翁は平生ついている杖をいきなりビュンビュンと風を切って素振りを行うやサッと中段に構えてわたしに突きつけた。そして言われた。『さ、この構えにどう対処するかっ』。あのときの翁の眼光の鋭さ、腰のすわり、わたしの動きを制した間合いの厳しさ、一分のスキのない杖の構え。わたしは一言も発しえず、たちまち息が乱れ、冷や汗を流してその場に座り込んでしまった」

(『名人伝』)

若き日の喜屋武朝徳の姿が目に浮かぶようだ。喜屋武に関する新垣の話は次のように続く。

「それまでわたしは自分の技に多少うぬぼれがあった。天狗《てんぐ》になっていた。翁はそのわたしに頂門の一針を与えたのだよ。鍛えぬいた人の力には肉体のほかに計り知れぬ何かがある。あの気迫はすさまじかった。わたしは改めて父朝扶《ちょうふ》の遺訓を思い起こして座右の銘とし、ますます鍛錬に励むようになったのだよ」(同前)

この話を聞いた長嶺は次のように綴っている。

「安吉師からこの話をきいたとき筆者自身も体のふるえるような感動を覚えたものである」

その後、喜屋武に師事した武人として、島袋善良《しまぶくろぜんりょう》(一九〇九－六九)や農林学校の生徒だった仲里常延《なかざとじょうえん》(一九二二－二〇一〇)らがいる。それぞれ「少林流」「少林寺流」を開いたが、時期的に長嶺とともに稽古した関係にはない。長嶺は喜屋武との思い出について次のように回想する。やや長くなるがそのまま引用する。

「喜屋武先生は、御自身が小軀《しょうく》であられたためか、つねに『体は三分、努力が七分』と言われていた。『拳を例にとってもわかることだが、毎日巻きわらをついて鍛えておけば、板でもかわらでもたやすく破壊できる力が生まれる。しかし巻きわらから暫く遠ざかっていると拳は素人に近いものとなる。空手は常に鍛錬しておれば向上もするが、途中で止めると、やめた分だけ萎縮する。たゆみない努力、これを実行できるかできないかが、大成するかしないかの分かれ道である。体の大小は問題ではない』といわれた先生のお言葉は今も私の耳朶《じだ》をうつ。体格や武才にそれほど恵まれてなかった私が今日あるのは、先生の教訓を守りつづけ、日夜反省して来たからである」(『空手道』)

この文章を読むにつけ、長嶺が天才型の空手家ではなく、コツコツ努力するタイプの空手家だったことがわかる。

一方、仕事においては嘉手納署時代のこんなエピソードが残っている。

あるとき昔の同級生から結婚式に招かれた。休日などに管轄外で宿泊する際は事前に上司に報告する決まりになっていたが、そのときはたまたま提出しないまま出席してしまったという。結婚式が終わり、最寄りの安里駅から出発する最終列車に乗ってその日のうちに戻る算段でいたが、運悪く乗り遅れてしまった。困った長嶺は上司に電話し、仕事が残っていることを確認すると、脱兎《だっと》のごとくそのまま駆け出したという。

走り続けて嘉手納署に着いたのは夜中の一時ごろ。上司が「どうやって来たのか」と尋ねると、「走ってきた」と言っても最初は信じてもらえなかったという。

嘉手納署時代のものとしては詐欺師にまつわる話もある。

当時、女性を専門に騙す詐欺師がいたという。「紡績工場であなたの娘と出会ったがたいへん元気であった」などと親切心を装いながら親などに近づき、しばらくして「このへんに宿泊できる場所はありませんか」などと尋ねる。まだ旅館のようなものがない時代だったので、相手はせっかく訪ねてきた娘の友達だから一泊していきなさいと勧めるが通例だった。その上で詐欺師は夜中に金品を盗んでドロンするという単純な手口だった。

長嶺が外勤巡査のころ、この人物を捕まえるために苦労したとの逸話が残っている。

嘉手納署での二年半の初任地勤務を終えると、長嶺は空手修行に専念するにはやはり那覇のほうが都合がよいと考え、その旨の希望を出した。当時、那覇署への希望者は少なかったらしく、そのまま通ったという。

一九三三（昭和八）年八月、那覇署勤務となった長嶺は、三年近くをそこで過ごす。二十六歳から二十八歳までの期間に当たる。当時は世間的には二十代後半で所帯を持つのが通例だったようだ。

例えば、同い年の宮本常一《みやもとつねいち》は二十八歳で小学校教員の玉田アサ子と大阪で結婚。沖縄在住の瀬長亀次郎《せながかめじろう》も、二十九歳のときに県庁勤務のフミと結ばれている。

長嶺もこのころ身を固めた可能性があるが、真相はわからない。戸籍に記載がないからだ。もっとも沖縄の戸籍は那覇大空襲で焼失し、戦後になって自己申告で復製された経緯があるので、完全に真正のものとはいえない面がある。

長嶺が警察に奉職した一九三一年からの数年間、本土では嵐ともいえる〝時代の波〟が襲っていた。巡査試験に合格した月に「満州事変」が勃発。嘉手納署に配属されてまもなく、東京では「五・一五事件」が起き、犬養毅《いぬかいつよし》首相が射殺された。その翌年には作家の小林多喜二《たきじ》が特高警察の拷問によって惨殺された。一九三六年には、陸軍青年将校に指揮された千人規模によるクーデター未遂事件、いわゆる「二・二六事件」が発生した。首謀者らは首相官邸などに乗り込み、大蔵大臣や内大臣などを暗殺した。

そのころ、騒乱さめやらない帝都東京に、長嶺は半年間の研修で派遣されることになった。

当時、巡査や巡査部長などの中から見込みのありそうな者を、東京または大阪に半年ほど研修で派遣する仕組みがあった。長嶺もその一人に選ばれたわけだが、このとき沖縄県警から警視庁に三人が派遣された。

東京警視庁へ派遣

当時の東京研修は最初の三カ月を現場勤務、残りを警視庁本庁において行ったという。長嶺が配属された現場は浅草にほど近い象潟《きさかた》警察署（現在は浅草警察署に統合）だった。そこで管轄区域の交番勤務に従事した。当時の浅草は東京の中心的な街の一つだった。隅田川一帯を警ら巡回（パトロール）する仕事で、それほど難しい内容ではなく、ほとんどが道案内だったという。

長嶺が研修で東京に滞在したのは一九三六（昭和十一）年四月からの半年間。この間、東京下町では「阿部定《あべさだ》事件」と呼ばれる、当時の人びとを震撼させる猟奇的な殺人事件が発生した。阿部定という名の三十歳の女性が不倫相手と待合（現在のラブホテル）に宿泊、男が寝ている間に首を絞めて殺害し、男性器を切り取って逃亡するという異色の事件で、五月十八日に事件発生し、翌々日の二十日に阿部は逮捕された。実は阿部の逃亡先が長嶺の勤務する警察署の管轄内だったという。長嶺はこう書き残している。

「犯人が私たちの管内、象潟警察署の待合いへ身を隠し寝泊まりしておりました。かつらをかぶって男の姿に変装して、切り取った男根に防腐剤をかけて持ち、逃げ回っていました。そのとき阿部定を見破ることができず、怠慢捜査で首になった巡査もいました。私は直接には捜査には加わりませんでした」

長嶺がいつものように担当地域をパトロールしていると、本物の警視庁巡査から「君はどこの署の勤務か」と職務質問されることもあったという。見かけない顔がいると思われたのだろう。仕事としてはさほど収穫があったとも思えない半年間だったが、空手の面では大きな心境の変化が生まれた。

当時、東京に身をおきながら沖縄実戦空手の普及につとめていた本部朝基《もとぶちょうき》の道場を訪ねたからだ。本部は喜屋武朝徳と幼馴染《おさななじみ》の間柄であり、その名を当時の沖縄で知らない者はいないほどの武人だった。『空手道』に次の記載がある。

「東京警視庁へ、研究巡査として派遣されたのは昭和十一年の四月であった。当時、東京本郷《ほんごう》区には、空手界の剛拳とうたわれた『本部のサール』こと本部朝基先生がおられたので、私は先生について半年余、独特の組手の指導を受けることができた。本部先生は私の三番目の恩師である」

このとき本部は六十五歳、長嶺二十八、九のころである。「大道館《だいどうかん》」と称する本部の運営する道場は、現在のJR水道橋駅から市電に乗って講道館を越えた餌差町《えさしまち》駅（現在は存在しない）のすぐの場所にあった。その一年半ほど前に発行された『空手研究（第一号）』に、本部朝基のインタビュー記事や本部の動向についてこんな短信が掲載されている。

「本部師範は東洋大学、明治大学、鉄道省の空手部を指導の傍ら大道館道場に於て個人教授もして居られる」

本部朝基と長嶺の最初の出会いがどのようなものであったか。一九五二年に長嶺が語った回想談を見てみよう。

「本部先生を訪ねたときだ。『型を見てください』と私がまず裸になってやってみた。先生はロクに見もしないで、『型は上等、組手をしよう』とおっしゃる。組手のほうはてんで問題にならぬ。私の手は何を出してもきれいに相手の術中におちる。一汗かいたあとで先生のいうことが正に極意にふれている。『二呼吸の動作を一呼吸でやる、これがケイコだ』」(「沖縄タイムス」一九五二年九月十一日付夕刊)

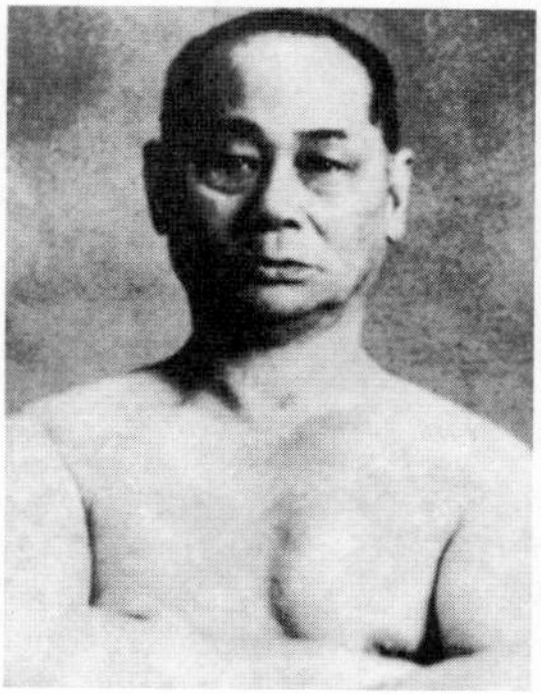
東京出張時代に
師事した本部朝基

攻防は別々のものではなく、一体のものであることを説いている。それでこそ、実戦空手といえる。このとき本部は型にはほとんど関心を払わなかったというが、実際はその型の大切さを皮肉なことに本部は東京に来て痛感していた。

「先生の道場で、先生独特の指導を受けることができた。当時先生が口癖のように言われていたことは、『空手が今日のように東京において発展したことは喜びにたえないことである。しかし昔の立派な形が崩され、軽々しく変えられていくのは見るにしのびない。先輩の屋部憲通兄が生きているうちに必ず帰省して、昔ながらの立派な形を調査して東京に持ち帰りたい』ということであった」(『空手道』)

船越義珍が東京で空手普及に努めて十数年がすぎたころである。船越は沖縄古来の方法で型を地道に繰り返す練習方法を教え込もうとしたが、血気盛んな年代である十代、二十代の若者たちは到底それでは満足しなかった。勝手に防具をつけて組手を始めたりと、いまでいうところのキックボクシングのような姿に空手が変質するさまを、船越は黙って見ていられなかったようだ。あるとき空手指導をやめると啖呵《たんか》を切ったこともあったとされる。結局、船越は周りに迎合する形で、唐手の名称を「空手」に変更し、型の名称すらも大和《やまと》式に変えてしまった。そうした風潮を、同じ沖縄出身の本部朝基は憂慮しながら見ていたようだ。長嶺はずいぶん後になって、この年の研修で船越道場を訪ねた際のエピソードを次のように活字にしている。

「私は五十八年前、昭和十一年四月、沖縄県の巡査時代に警視庁に研究生として派遣された時、本郷区弓町《ゆみちょう》にあった船越義珍先生の道場を見学したが、義珍先生の三男・故船越義豪《ぎごう》氏が義珍先生の補佐役をしておられた。義豪氏とお会いした時、義豪氏いわく『沖縄でやっている猫足の形では受けの力が弱い、その他の〈前屈立《ぜんくつだち》〉や〈自護体立《じごたいだち》〉も足幅を広くした』と自慢ぶって話していた。私はそれは伝統を無視した改悪だと思ったが、見学者の立場からは反論はしないで帰った」(「琉球新報」一九九四年十二月十八日付)

もともと本部は沖縄で「掛け試し」を好んだ実戦派の急先鋒として知られ、型稽古を馬鹿にしてきたタイプの武人だったのに対し、船越は、沖縄伝統の型稽古を踏襲してきた正統派の空手家であり、二人は性格的にも正反対だった。本部について、長嶺はさまざま書いている。
「先生は自己流空手から出発し、その限界を悟り、松茂良興作《まつもらこうさく》先生に師事して正しい空手の形を身につけて大成なされた方だといえよう。（中略）先生は幾多の実戦から得たゆるぎない自信を持っておられた。その実戦から得た生きた技を空手の形と調和させた」（『空手道』）
「先生の特技は鶏口拳（筆者注：一本拳）の突きだった。（中略）決死の間合において威力を発揮するのが、一本拳であり裏拳であると力説された」（同前）
本部は巻き藁《わら》突きを重視する典型的な沖縄の空手家だったといえる。普通の空手家が正拳《せいけん》で巻き藁を突くのと同じ威力で一本拳（人差し指を曲げて第二関節を突起させる）で巻き藁を突いたという。接近戦になると、一定の距離を要する正拳突きは威力を失う。その場合、一本拳または裏拳を使うと至近距離でも可能で、実戦から導き出された本部ならではの技にほかならなかった。長嶺は書いている。
「実戦を通して得られた先生の生きた理論の一端を習得することができたことは私の一生の喜びであるし、それ以後、変手《へんて》に対する従来の考え方も一変した」
〝変手〟とは組手のことである。さらにこう書く。
「私が組手の形七本を創案し、松林流組手形の基本となし得たのは、本部朝基先生から生きた空手道を学びとることができたからである」

松林流には実戦を想定した七種の対処法（約束組手）が制定されている。その上で長嶺は、「闘志に貫かれた本部朝基先生の一生は、私の反省の拠り所である」と回想している。

本部と異なり、長嶺は「掛け試し」を好む実戦派タイプの武人ではなかった。だからこそ、本部から学ぶべき点は多かったということだろう。「反省の拠り所」との言葉に、その思いが表れている。

半年間の東京生活で、長嶺は本部流空手の上に自らの工夫を重ね、五か条の結論を作成している。これを本部に見せると、「これでよい」と直接承認されたという。『沖縄空手の巨星たち』によると、五か条とは具体的に以下のものだった。

一、一回の突き（あるいは蹴り）で、防御攻撃を同時に兼ね行う技の工夫。即ち二つの動作を一つの動作ですませる工夫。
二、防御攻撃を同時に両手ですませる工夫。
三、手と足を同時に使用して防御攻撃をすませる工夫。
四、敵の正面に立つべからず。敵の側面に己を位置する転身の工夫。
五、蹴りは相手をつかまえたら放つ、相手につかまえられてもすぐ放つ。つまりつねに先手をとる工夫。

空手をやっている者なら理解できるかもしれないが、これは護身としての実戦空手そのものといえる。いわゆる一、二の掛け声をかける本土式の空手や、制約されたルールのもとで行うスポーツ空手とはまるで概念が異なる。むしろ反対である。

東京での半年間の研修が終わり、長嶺が沖縄に戻るのと時を同じくして、本部朝基も久方ぶりに沖縄へ帰省した。那覇市内で当時の著名空手家たちを集めた歴史的な座談会が開かれたからだ。

歴史に残る琉球新報座談会

当時のそうそうたる武人を集めた空手座談会が琉球新報社主催で開催されたのは、一九三六年十月二十五日のことだった。後年、この日（十月二十五日）を記念し、沖縄県議会で「空手の日」が制定された（二〇〇五年三月二十九日）。

この座談会に参加した空手家（空手師範）は、花城長茂《はなしろちょうも》、喜屋武朝徳、本部朝基、宮城長順、許田重発《きょだじゅうはつ》、知花朝信《ちばなちょうしん》、城間真繁《ぐすくましんぱん》、小禄朝禎の計八人。ほかに空手研究家の仲宗根源和《なかそねげんわ》（一八九五－一九七八）、県関係者数名、軍関係者、作家、琉球新報社から社長の太田朝敷《おおたちょうふ》はじめ主筆など総勢二十人で行われた。

内容は翌々日の二十七日付から十一月八日付まで、全九回にわたり「琉球新報」に掲載された。それに続けて「武士・本部朝基翁に『実戦談』を聴く！」と題する三回分の記事も掲載されている。

この座談会で当時「唐手」と表記することが多かった空手の名称を、「空手」へと正式に変更することが話し合われ、意見集約を見ている。座談会が行われた十月二十五日から七十年近くたってこの日が「空手の日」として制定されたのはそうした経緯からだ。

すでに日本本土では一九二四年に慶應義塾大学に初の「唐手研究会」（のちの空手部）が設立され、五年後の二九年には「空手研究会」と改称されていた。その流れは東京じゅうに及んでいた。その波が、本土から沖縄へ〝逆輸入〟される形となった。

座談会の冒頭、空手研究家の仲宗根源和が座談の口火を切っている。

「東京では大体の大学は『空手部』を称していますが、まだ二、三か所は習慣的に『唐手部』と唱えています。唐手を空手とするのは空手空拳の意味からであります。唐手という文字を用いますと今日の大学生や中学生には反感が起こり面白くないのであります」

その上で、将来のために「空手道」という文字で統一することを提案した。ちなみに仲宗根は沖縄出身の言論人で、当時は共産主義者だった。

この呼びかけに、宮城長順も「従来は手といったようです。（略）名称は時代によって変わる」と賛意を表明した。同じ剛柔流の許田重発も、「私も仲宗根さんの説に賛成です」と述べる。その上で許田は、「この場で即座に決めるのはどうかと思います」「十分研究してからのことにして」と時期尚早論を唱えた。

これに対し、花城長茂は「私の古い帳面にはみな空手と書いてある」と昔から独自に「空手」の文字を使用してきたことを強調している。さらに沖縄中学で指導していた城間真繁が、「唐手の文字は生徒は喜ばない」と、現場の立場から報告した。

琉球新報社の太田社長は「空の字を嫌いな者はいないが、唐の字は嫌いだという人がある」と誘導するような発言を行うと、仲宗根が「空手の名称については大体はっきりしたようです」と議論を引き取った。

このとき出席した空手家の中で、東京の実情を詳しく知る立場にあったのは本部朝基だけだったと思われる。紙面に記載された限りでは、本部は東京の事情について何も意見を述べていない。

余談だが、喜屋武朝徳も、出席者の一人になっていたものの、紙面上はほとんど発言を行っていない。松茂良興作の掛け試しにおける窮地を松村宗昆が秘かに助けたというエピソードについて「その話は私も聞きました」とうなづいているくらいだ。実際は他にも発言があったのに紙面化されなかったのか、それともほとんど沈黙を守ったのかは定かでない。

「普及型Ⅰ」を考案

日中戦争が始まる一九三七年から、沖縄戦が行われる四五年までの数年間、長嶺本人による記録は少ない。目につくのは剣道を始めたという記述くらいだ。

「私は昭和十二年から剣道の稽古も始めていた。それは空手と剣道が一致するところが多いことに気づいたので、空手を他の面から探求すべく始めたのであったが、人一倍精進したために、昭和十六年には三段を允許《いんきょ》され、翌十七年、長崎県で行われた、九州、山口、沖縄の警察官武道大会に、沖縄県警察チーム剣道部の選手として出場した」（『空手道』）

この記述からわかるとおり、警察勤務のかたわら、空手以外に剣道にも熱を上げていた。

前年の東京研修では本部朝基《もとぶちょうき》の道場に通ったほか、同じ本郷区にあった船越義珍の道場も訪問していた。つまり東京で空手普及にあたっていた沖縄出身の本部と船越の両道場の姿を直接自分の目に焼きつけた長嶺は、空手普及の意欲をいや増して刺激されたと思われる。

本人によると、この年（一九三七年）、泊に小さな道場を開設している。

仕事では東京勤務から戻った後、那覇警察署で刑事見習いとして働いた。派出所勤務をへて、刑事としての本格的なキャリアをスタートさせた。ただし長嶺自身は、殺人や傷害などの刑事事件よりも、商業学校の出身者であったせいか、当時の警察ではあまり重く見られていなかった経済事件のほうに関心があった。九一年に本人はこう述べている。

「私たちは経済警察が、警察官の最高使命だと信じておりました」

本人の希望が考慮されたのか、一九三九（昭和十四）年に新設された「経済保安課」に配置された。闇取引などが取締りの主な対象で、市民からの告発として「肉の値段が高い」「ごまかして売っている」などの苦情や投書が多く寄せられていた。最後は那覇署の経済主任として、部下十数人を抱えるまでになる。

当時、検察官には思想犯を取り締まる思想検察と、経済事案を取り締まる経済検察の二つの流れがあった。戦後は経済検察が主流となっていったが、警察にも似たような構造があったようだ。

「経済保安課の新設」について、長嶺より九年先輩の人物が『沖縄県警察史 第二巻』で次のように記述している。やや長くなるがそのまま引用する。

「当時は、経済警察はまだできたばかりで、上司からは『内務省警保局から書類が来ているからそれを見て勉強しなさい』と言われ、四人で仕事した。私が警部で、巡査部長が長嶺将真君、巡査が○○君、それから○○巡査の四人だった」

「経済警察はできたばかりで良く分からないことが多く苦労も多かった。物の名前を覚えたり、物価の統制、物資の統制、ヤミ取引とかを勉強した。『今回の戦争は国家の存亡に関する聖戦である。大東亜共栄圏を建設する日本の使命である。近代戦は総力戦であり、物資の消耗戦だということを知らねばならない。しかし物には限りがある。だからその物は有効に使う必要がある。民は「我慢して欲しがりません」という気持ちで軍に協力すべきである。戦場に行っている者は皆、自分の父であり、兄弟であり、子であるのだ。物資でも何でも提供をしなければ戦力は弱くなる。自分の親、兄弟、息子に対して大砲の弾をやるまい。軍服をやるまいぞ』。これが、経済警察の最初の説明だったのである。水は高いところから低いところに流れるもので、金も自由経済にしておくと金持ちだけの所に物が集まることになる。だから価格統制の必要があり、それが経済警察の仕事だったのである。……つまり、『経済の治安維持』ということだった」（同前）

一九三九年六月、沖縄武徳殿が竣工し、開殿式で空手の記念演武会が開催された。長嶺は喜屋武朝徳《きやんちょうとく》、知花朝信《ちばなちょうしん》、宮城長順などのそうそうたる武人にまじって、このとき「北谷屋良《ちゃたんやら》ノ公相君《クーサンクー》」を演武している。

この時期、長嶺の空手において重要な転機が訪れる。

※　※　※

一九四〇年四月三十日、午前九時出航の浮島丸で神戸方面に出航した長嶺ら一行は、五月四・五日に京都武徳殿で行われた「紀元二千六百年奉祝武徳演武大会」に出場した。剛柔流の比嘉世幸《ひがせこう》（一八九八－一九六六）も一緒だった。この際、比嘉とともに大日本武徳会から「空手術錬士」の称号を受けている。空手術で錬士号を受けたのは、当時全国の警察官の中では唯一のことだったという。

その影響とも思えるのが、武徳祭から約半年後の十一月十四日と十五日、「琉球新報」紙上に「空手術錬士」の肩書で掲載された「武士道精神と空手道」と題する長嶺の上下二回にわたる寄稿文だった。確認できる範囲では、長嶺が新聞に投稿した最初の記事と思われるものだ。すでに中国との戦争が始まって数年、アメリカとの開戦を翌年に控えたこの時期、長嶺の文章は往時の戦時意識を踏まえた内容となっている。

冒頭で、日本武徳会で「武道」の名称をつけられているものに、剣道、柔道、弓道の三つがあると紹介し、武徳会沖縄支部においては空手にも「空手道」の名称が付与されたと述べている。その上で、武徳会が認定した空手の教士号三人のうち沖縄人は一人（宮城長順）、錬士号十三人のうち沖縄人は七人であることを述べ、他県にも広く空手が普及し、将来は他県の人間から沖縄の人間が空手指導される事態になりかねないと危機感を訴えている。

さらに空手の利点について、「防具いらず場所いらず時間を問わず相手を求めずして個人でも団体でもできる理想的武道空手道」と強調しているのは、長嶺が生涯を通じて一貫して説いた空手のメリットだ。その上で、空手の宗祖は釈迦《しゃか》に次ぐ仏教家であった達磨《だるま》大師であると断定し、仏教の極意である「人間の生きていく道を授くるために空手を教えたのだから空手道の真髄は禅より入らなければならぬ」と、独自の見解を述べている。

最後に空手の基本的な型であるナイハンチとサンチンについて言及した箇所がある。長嶺の見解によれば、「ナイハンチの横歩き、正面の攻撃、足の使い方などは決して実践的にみて効果のある一手ではありません」とあり、これらは当時の長嶺の武術的レベルを示すものと考えられる。なぜならナイハンチほど実戦的な型はないと考える空手家も数多く存在するからだ。

長嶺はこの二つの型を指して「動的座禅だと解釈します」と書いている。最後にこう記している。

「われわれは武徳会本部において優秀なる武道として認定せられたる空手道を本場の名に恥ず《ママ》日本古来の武士道精神と道を同じくし国家のために常に己を捨てる大勇の空手道を建設しようではありませんか」

時代を反映しているといえばそれまでだが、この中で、空手は「わが祖先の残されたる無比なる」ものとの認識は、当時からまったく揺るいでいない。本土に普及された空手と沖縄の空手とが将来衝突する姿を予期していることも明確だ。

既述のとおり、長嶺は四一年に普及型Ⅰを自ら考案。このときⅡをつくったのは宮城長順で、宮城が考案した撃砕《ゲキサイ》を一部修正して活用したものだった。つまり普及型Ⅰは首里・泊手をもとにした型であり、Ⅱは那覇手の剛柔流をもとにした入門型といえる。これらの二つの型はいまも沖縄空手界で日常的に使用されている。

この間、本部朝基は「大道館」の道場を、本郷区から牛込柳町《うしごめやなぎちょう》（現在の新宿区）に移転、帝都で空手指導をつづけた。四一年に道場を閉じたとされ、正式に沖縄に戻っている。そのとき住まいを世話したのは長嶺だったという。

長嶺は自分にないものを持つ本部に惹《ひ》かれた面があったと思われる。さらに船越と違って、本部は泊手系の空手家であったことも、長嶺にとって魅力の一つだったと思われる。

船越の師匠であった安里安恒《あさとあんこう》や糸洲安恒《いとすあんこう》は、首里手の巨匠として名を残しているが、本部朝基は糸洲安恒に習った時期はあるものの、泊手中興の祖といわれる松茂良興作に師事した時代もあった。さらに喜屋武朝徳とも子ども時代から知る間柄であり、長嶺にとってはより親近感が強かったと思われる。

後に極真空手を創設する大山倍達《おおやまますたつ》はこのころ船越義珍の弟子となり、東京の松濤館で空手に励んだ。型が嫌いだったという実戦派の大山にとって、本部が東京に残っていれば、船越ではなく、本部に師事した可能性が高い。だがそれは歴史のイフにすぎない。

警官空手錬士
〝極意〟を公開

読売新聞に掲載された
警視庁での空手披露の記事（1941 年）

太平洋戦争と本部朝基の死

一九四一年、日本が米英両国に宣戦布告する直前、長嶺は再び、東京で研修を受けた。このときは一カ月ほどの短期研修だった。行き先は警視庁ではなく、国家機関である内務省の警察講習所だった。現在の警察大学校の前身となる組織で、各都道府県警の中から選抜された幹部候補生が中央で一括研修を受ける仕組みだった。

長嶺は三期後輩の山川泰邦《やまかわやすくに》（一九〇八－九一）とともに派遣されている。もっとも山川の場合は短期派遣でなく、正規の派遣だった。その後、山川のほうが警察内で出世するがそれは後の話だ。この研修日程の終盤、長嶺は警視庁の武道場で、当時の東京では珍しかった空手の演武を披露している。その様子が当時の読売新聞に写真付きで報道されていた。そのまま引用する。

警官空手錬士〝極意〟を公開

三日朝十一時、警視庁裏手の特別警備隊武道場で公務で上京中の沖縄県警部補長嶺将真（三五）氏が全庁員を前に空手道の神髄を公開した。柔剣道二段に全国警察官中唯一の空手術錬士という肩書をもつ氏は、空手道がとにかく暴力行為の具として用いられるのを痛感して、正しい空手を普及するため、先月警察講習所に講習生として選ばれたのを機会にこの披露となったもの。警視庁赤羽官房主事、横田経警第二課長、厚生省練武課員らの参観者を前に型を示してから、相手に持たせた松の六分板三枚を足先と手で見事に割る手練の余技をみせた。

掲載されたのは十二月四日付の「読売新聞」夕刊（実際の発行は三日）である。警察内では柔道や剣道は盛んに行われていたが、空手を採用しているのは沖縄県警察くらいだった。長嶺は沖縄警察を代表して本場の空手を披露したのだった。その帰りの船の中で、長嶺は真珠湾攻撃を知らせる〝開戦の報〟を耳にしたようだ。

「昭和十六年に警察講習所へ警部補で入所しました。警部補の中から選ばれて、私は短期六ヶ月、山川泰邦さんは長期一ヶ年でした。その上京中に、鹿児島からの船の中で十二月八日の宣戦布告にぶつかりました」（九一年のインタビュー記録）

長嶺の記録によれば、上京する船中となっているが、本人の記憶違いと思われる。戦時下、研修期間は短縮されていて、山川は半年、長嶺は一カ月程度の研修にすぎなかった。既述の長期一年、短期六カ月はあくまで「通常時」の期間である。

内務省の幹部研修から戻り、沖縄にも戦時の影響が色濃く出てきた。そんな最中の一九四二年五月、長嶺は十二坪の小さな道場を建設し、道場を開いた。

既述のとおり、道場開きの席に嘉手納から駆けつけたのがかつての恩師、喜屋武朝徳だった。本部朝基もそのころ沖縄にいたはずだが、出席したとの話はない。喜屋武は、この場で得意型のパッサイと棒の演武を披露した。そのくだりは、『沖縄の空手道』にこう記されている。

「私は昭和十七年五月、那覇市崇元寺町の宅地に新しく十二坪の道場を建築した。これは個人の持つ正式な空手道場としては、戦前の那覇市で唯一のものであった。その道場開きにあたって来賓として、漢那憲和《かんなけんわ》元海軍少将、琉球新報社の又吉康和《またよしこうわ》先生、歯科医の友寄英彦《ともよせひでひこ》先生方をお招きして盛大な演武会を催した。とりわけ、はるか読谷村《よみたん》から、わざわざ喜屋武先生が、新垣安正君（安吉先生の弟）の案内で、おいで下さって、七十三才の高齢で、先生得意の『パッサイ』と棒術の演武をして下さったとき、私は恩師の情愛がしみじみとありがたく、熱い感激を覚えた。その時の、演武なさる一拳一足のしめ具合、気力の鋭さ、来賓の方々もただただ息をのんで驚嘆しているばかりであった。小軀の先生がこの時ほど大きく見えたことはない。しかも、それが、喜屋武先生のなされた最後の演武となったことを思えば、私にとっては、この日の先生の演武がことさらに意義深いものとなっているのである」

喜屋武の「最後の演武になった」との記述は厳密には史実と異なるようだが、最晩年の演武であったことは事実である。当時の長嶺の道場はどのような感じだったのか。地元の泊に住み、一度道場を訪ねたことのある作家の嘉陽安男《かようやすお》（一九二四－二〇〇三）が次のように回想している。

「庭に『巻きわら』があり、沓脱《くつぬ》ぎに鉄の下駄があり、乾いた砂を入れたバケツがあり、鉄亜鈴や両端に重い石をうけた棒があり、それは体を鍛えるための器具であるのだが、どれも貧弱なわたしには触わるのさえ怖い存在であった。鉄の下駄など、履いて三、四歩も歩かぬのに息が切れた。長嶺さんは当時、那覇署の警官で署への往復によくわたしの家の前を通った。口をへの字に結び、正面を見据え、背筋をピンと伸ばした姿は、近寄り難い感じがした」（「琉球新報」一九九七年十一月五日付）

さらにそのころ沖縄を訪れた東京の学生の手記に、長嶺道場のことが次のように記載されている（『慶應義塾体育会空手部七十五年史』）。

「当時沖縄には那覇の宮城（長順）先生、首里の花城（長茂）先生が元老格で、その他には泊に長峯《ママ》（将真）先生、那覇に知花（朝信）先生等が居られた。沖縄では、空手の師範は武士とよばれ、尊敬を受けていた。各先生を歴訪したが、道場をもっていたのは長峯先生だけで、その他は皆庭先が道場になっていた」（「沖縄の想い出」、カッコ内は筆者注）

慶應義塾大学空手部の学生が書いたこの手記によれば、時期は「昭和十六年の夏、大東亜戦争の始まる少し前」といい、当時すでにばらばらになっていた日本の空手界の各流派の交流を深めるために統一した機関を設けようとの趣旨で、顧問の船越義珍の了解をとり、最初に京都に行って、糸東《しとう》流の摩文仁賢和《まぶにけんわ》の賛同を得たと書いている。そのまま神戸から沖縄に船で向かったというが、沖縄でも概ね賛同を得て本土に戻ったものの、同じ年の暮れ、日米開戦となったため、「統一の動きも立ち消えとなった」と記している。

ともあれ、長嶺の道場開きから二年後の一九四四年四月、本部朝基はこの世を去った。享年七十三。場所は当時の長嶺の隣家となる借家だった。本部はそれから半年後に迫り来る「十・十空襲」や翌年の沖縄戦に遭遇することなく、人生を終えることができた。

第四章　沖縄戦を生き延びる

遅い結婚と対馬丸事件

戸籍によると、長嶺将真が喜瀬《きせ》ヨネと入籍したのは一九四四年十月一日のことになっている。「なっている」と書いたのは、那覇市の戸籍は同年十月十日の「十・十空襲」によってすべて焼失し、戦後に自己申告等によって再製復元された経緯があるからだ。それはともかく、入籍日からわずか九日後に那覇市上空に数千の米軍機が押し寄せ、市内のほぼすべてが焼き尽くされた史実は特筆される。

伴侶となったヨネは二十七歳。三十七歳の将真より一回り若かった。ヨネは首里寒川町を本籍とする女性だった。沖縄で首里といえば、かつての士族階級とみなされる。はっきり言えることは、二人は再婚同士であったという事実だ。ヨネには六歳になる連れ子の実子（男児）がいた。将真も戸籍に記録が残されているわけではないが、初婚ではなかった。次男の博文は、父親が再婚である事実を将真から直接聞かされたことがあったと証言する。ただしその事実は戸籍上には残されていない。

一般に入籍と実際の婚姻の日が一致しないケースはしばしば見うけられる。それは実際の出生日と戸籍上の誕生日が一致するわけではないのと似通っている。ただし推測するに、二人が正式な夫婦となったのはこのときとほぼ同時期と考えられる（知り合ったのはその数年前とも思われる）。理由は長男の高兆《たかよし》が生まれた日が入籍からちょうど十月十日ほどたった翌年八月十二日だからだ。

四五年四月に米軍が沖縄本島に上陸、血みどろの地上戦が展開された。日本本土の被害が空襲を中心とした空からの被害に限定されたのに対し、沖縄は空だけでなく、海からの艦砲《かんぽう》射撃、さらに陸からの直接攻撃という「総力戦」が展開されたことが大きく異なる点だった。

長嶺は警察官として那覇署に勤務した関係上、一定の時流は見えていたものと思われるが、なぜ混乱の予測される最中にあえて入籍したかは定かでない。動かない事実は、二人は入籍と同時に沖縄戦の苦難に直面し、二人とも、運よく生き残ったということだけである。戦後ある雑誌で、長嶺はこう書いている。

「国破れて山河変わるまでにわが沖縄は破壊され」（『月刊空手道』一九五七年二月号）

そんな中、ヨネは大きなお腹を抱えて逃げ回った。

一九四四年の大空襲以降、一般住民は九州南部などへ疎開を希望する者が増えた。例えば長嶺と同年生まれの瀬長亀次郎《せながかめじろう》の場合、妻フミを宮崎県に疎開させた。沖縄が「決戦」の現場になることは、早くから県民にも認識されていた。

長嶺は沖縄県警察の一員として、住民の安全を守る仕事に従事したが、沖縄戦においては、県職員や警察官の多くが任務に殉じた。警察官の場合、警察部・各警察署を含めた五百人の職員のうち、殉職者は荒井退造警察部長（現在の県警本部長）以下百六人にのぼっている。実に二割以上の確率で命を落とす結果となった。

長嶺の空手の師匠・本部朝基《もとぶちょうき》が逝去した年の八月には、沖縄から九州に向かった学童疎開船「対馬丸《つしままる》」が撃沈される事件も起きた。八百人近い児童が一瞬にして命を失った痛ましい事件である。歴史の教科書にも記載されている「対馬丸事件」だ。

疎開船には多くの小学生が乗っていた。長嶺が卒業した泊国民学校（泊尋常小学校）の児童も多く、その中には、長嶺の親戚筋に当たる少年も含まれていた。

田場兼靖《たばけんせい》（一九三三－二〇一二）と田場兼源《たばけんげん》。小学校五年生のこの二人は、共に泊小学校に通う従兄弟同士の間柄だった。田場兼靖の母親は長嶺家を出自とする女性とされる。

船は八月二十一日に那覇港を出航し、長崎をめざした。六千七百五十四トン、長さ百三十五メートルの旧式貨物船に乗り込んだ乗客はおよそ千七百人。数隻の船団を組んでの疎開事業だったが、魚雷で沈没する「対馬丸」に二人が乗り合わせたのは運命のいたずらに見える。

異変が起きたのは二十四時間ほどすぎた二十二日夜のこと。米軍潜水艦の魚雷攻撃を受け、複数の魚雷が対馬丸に命中。突然の事態に飛び起きた児童らは甲板に出て、究極の選択を迫られることになった。生き残るためには、すぐに真っ黒な海の中へ勇気を振り絞って飛び込むしかなかったからだ。このとき十一歳の田場兼靖は九死に一生を得る。大城立裕《おおしろたつひろ》編著『対馬丸』（理論社）には、田場の肉声がこう記録されている。

「なんともやり切れなかったのは、寒さと渇きと、それに眠気だ。まったく眠さといったらなかった。三日目ごろだと思うが、しきりと幻覚におそわれた。ゆくてに砂浜と島かげが見えるのだ。そこまでは、とにかく浅瀬で、すぐにも歩いて行けそうな気配がするのだった。（中略）私を眠りから無理やりひきずりおこしたのは、兵隊の鉄拳だ。うとうとと、じつに気持よく眠りに誘いこまれると、いきなりおとなの力いっぱいの鉄拳がとんでくるのだ。（中略）あの眠気におそわれて、兵隊が同伴していなかったら、とうてい助かっていなかっただろう。このような三日目に、軍艦の救いが来た」

「わんぱくも参った」との題がつけられた田場の生還話の内容は、三日三晩いかだにつかまって生き延びたという壮絶なものだった。

乗船者や犠牲者、生存者など、いずれの人数も正確な情報はない。ただし、一八〇〇人近い乗船者のうち、一五〇〇人近い人々が犠牲になっていることはわかっている。こうした対馬丸沈没の情報は、沖縄県警をつうじて、長嶺の耳にも入ったはずである。だがそれがいつの段階かはわからない。血のつながる親戚の子が乗っていた事実を知っていたかどうかも判然としない。

このとき生き残った田場少年は、戦後、高校生になると長嶺道場に入門し、空手を始めた。長嶺道場の三羽烏《がらす》の一人として、その名を知られるほどに上達し、長嶺の最晩年には、その後継者として、いったんは松林流の流派責任者を務めるまでになる。

那覇最後の日

十・十空襲は一九四四年、降ってわいたように突然訪れた。早朝から米軍機の大編隊が那覇市上空に集まった。当初市民らは友軍機と勘違いし、手を振った住民もいたというからのんきな話だった。牛島満《うしじまみつる》司令官が地元ホテルに関係者を集めて宴会を催した翌日の出来事だったという。

長嶺の警察学校の三期後輩で、戦後まもない時期に那覇署長を務めた山川泰邦《やまかわやすくに》は、沖縄戦から十三年後に『秘録沖縄戦史』（沖縄グラフ社）を出版した。それをもとに当時の警察の動きを追ってみよう。当時の山川は那覇警察署の次長（副署長）として、同署のナンバー2の立場にいた。空襲の様子を次のように書き残している。

「『あっ、敵機だ！』『空襲だ』。私は、茫然としてじっと大空を見上げた。今にして思えばあのサイレンの悲鳴は、沖縄の今日の運命を暗示していたのである。私は家に飛び込むや制服に脚絆《きゃはん》を巻くのももどかしく、自転車に飛び乗りまっしぐらに那覇警察署へ飛んだ。警察署では電話があわただしく鳴って、若い巡査が交換台にしがみついていた」

当時、那覇署の経済主任を務めていた長嶺も、すぐさま那覇署に駆けつけたと思われる。長嶺が書き残した記録にはこう書かれている。

「空襲では那覇署員の殉職者はいませんでした。空襲のときは、住民の避難誘導、安全の確保、消火活動などが警察官の任務でしたが、なかなかそのようなことはできませんでした」

早朝に突然始まった空襲は夕方まで七、八波にわたり断続的に繰り返された。

その日の朝、米軍母艦を飛び立った大編隊は、伊江島《いえじま》、読谷、嘉手納、小禄《おろく》などの主要飛行場を同時に爆撃し、軍事施設を一斉に破壊した。燃料・弾薬などの貯蔵庫を軒並み使えなくした。日本軍の空軍力は一瞬にして破壊され、停泊していた船舶も撃沈された。このとき住民は防空壕内でおそれおののくしかなかった。

日ごろ、「米軍が沖縄に来攻したら全滅するのみ」と豪語していた日本軍が、何の抵抗もできないでいる姿に、憤慨した住民は少なくなかったという。市内は火炎に包まれ、長嶺の自宅も全焼した。那覇警察署の建物も大火に包まれた。

もともと那覇市内に本格的な防空壕は少なく、独特の亀甲墓《かめこうばか》を代用したケースが多かった。壕や墓から出てきた人びとの目に映ったのは「グルリ一面火の海だった」と山川は記している。

「火のパノラマの中に人間は影のようにうごめいていた」

この日が人びとが戦前の那覇を目にする最後の日となった。同日中に県警察部から、「那覇は危険だから北部に避難せよ」との命令が住民に伝えられた。わずかな食糧と日用品を背負い、人びとは燃え盛る那覇の街を後にした。住民はこの日以来、避難民となったのである。

「長蛇の列が北へ、北へと続いた」

『秘録沖縄戦史』はそう書き記している。

「市民の群は泣き叫びながら中頭へ、国頭《くにがみ》へと、親は子を呼び、姉は弟を助け先を争って避難した」

めざす方向は、北部・中部の名護・国頭方面だった。

「二、三日は、那覇と名護、約十八里（筆者注：七十二キロ）の道程を避難民の列が続いた。かつて、我々が他人事のように見ていたニュース映画の中国難民の姿をそのまま、恐怖におびえながら人びとは先を争って避難した」

その中には長嶺の両親の姿もあったと思われる。空襲で那覇の街が廃墟と化しただけでなく、軍民あわせて七百人あまりの死者を出した。だがこれはまだ〝地獄の入り口〟にすぎなかった。

このときの空襲で那覇市役所は全焼、那覇市が保管していた百十一冊もの戸籍原簿と三十四冊の除籍原簿は跡形もなく焼失した。明治以来、六十年以上にわたり蓄積されてきた市民の身分関係を証明するための記録が、那覇市では完全に失われた。同様に、翌年の沖縄戦で那覇市以外の他の沖縄本島の市町村の戸籍もほとんどが失われる結果となった。戦後八年あまりの空白期間をへて、戸籍の再製作業が本格的にスタートしたが、その多くは当事者の記憶をもとにした自己申告であり、沖縄の戦前の戸籍が完全に復元されたわけではなかった。沖縄の戦前の戸籍が一〇〇％信頼に足るものでない理由はここにある。

洞窟内の那覇署

十・十空襲以降、那覇署は各地を転々とする運命となった。

『秘録沖縄戦史』によると、署員はひとまず「壺屋の壕付近に退避」を命じられ、その後、「県会議事堂からさらに工業指導所に移り、主として疎開事務に忙殺された」。

警察署の窓口には九州疎開の希望者が殺到し、中部や南部の老幼婦女子は北部の各村へ疎開した。一方で、警察署の壕づくりもそれと並行して行わなければならなかった。

沖縄戦時、那覇署の地下壕ともなった県庁壕の標識

設営班を編成し、隣村の真和志村《まわし》（戦後に那覇市に編入）の山の手を調査させたところ、繁多川《はんたがわ》（地名）に手頃な自然洞窟を発見し、那覇署員と真和志村役場の職員で改装作業を行った。長嶺はこう書き記す。

「その後、那覇署は転々として繁多川の壕で落ち着きました。その壕は自然壕だったのですぐ完成しましたが、首里の参謀本部の壕は遅れたため、私たちが武徳殿の板を剝がして首里まで運びました。早朝まだ米軍のとんぼ（偵察機）が飛ばないうちに、繁多川の壕から武徳殿に行き、そこの壕で午後五時ごろまで待って、その間に武徳殿の後の川で水浴びなどをして、暗くなったころに繁多川の壕に材木を運びました。そこから司令部の壕に運び、壕づくりに協力しました。そのころの仕事はもっぱらそんな仕事でした」

証言は往時から五十年近くすぎた時点のものなので、かなりおぼろげな感はあるものの、警察が軍司令部の新たな壕づくりに協力した記憶は、軍と警察の密接な関係を示すものといえそうだ。

山川によると、繁多川の自然洞窟を改良する作業は、「二月下旬に長さ十六メートルぐらいの非常口を開通、内部を百畳敷ほどの大広間に拡げ、三月中旬には他に四十メートルくらいの非常口を通し、あとは杭木《くいき》と湿気を防ぐ工作だけが残っていた」状態だったという。

那覇署が実際に繁多川の洞窟に潜ったのは、米軍機の空襲と艦砲射撃が始まった翌日の三月二十四日と記されている（改訂版の『秘録沖縄戦記』では「三月二十六日」と記載）。山川は次のように描写する。

「繁多川の洞窟には島田知事を初め、那覇署の本部員、真和志村の玉城村長外職員とその家族、西山形屋支店長等、凡そ百数十人がもぐっており、昼夜数十本のローソクを燈《とも》し、それに食糧が豊富で、わりと賑やかだった」

那覇署員の中には妻を連れている署員もいた。推測されるのは、長嶺の場合も家族を帯同していた可能性があることだ。このときヨネは妊娠六カ月の身重の体だった。

ともあれそれ以降、日本軍によって壕から追い出されるまでの二カ月近く、那覇署員らはここを拠点に活動した。場所は首里城に構築された軍司令部までさほど遠くなかった場所である。

往時から七十六年すぎた二〇二一年四月、私は遺骨収集活動をする地元男性の協力を得て、同じ壕（県庁・警察壕）に潜った。場所は識名《しきな》の墓地の密集する地域内に位置する。那覇市管轄の地元の繁多川公民館で壕入り口のカギを受け取り、男性の運転するワゴン車で十分ほど移動すると、「県庁壕」の方向を示す標識が現れた。

県庁壕の入り口

カギを開けて鉄骨製のドアを開け、ぽっかり空いた穴の下へ降りていく。ヘルメットと長靴は地元男性が用意してくれた。あたりをひんやりとした空気が漂う。体勢を屈めながら降りていくと、行く手は左右と正面の三方向に分かれていた。正面の広いスペースが島田叡《あきら》知事らが四月二十七日に最後の市町村長会議を開催したといわれるいわくつきの場所だった。島田知事が執務した知事室（スペースというほうがふさわしい）は左方向の坑道の一角にあった。

鍾乳洞《しょうにゅうどう》の小規模なものと考えればわかりやすい。そうした場所が沖縄本島には無数に存在する。地形が変形するほど満遍なく爆撃を受けた沖縄本島で、隠れる場所は墓の中か、このような土壌の裂け目以外になかった。

私が潜ったときはコウモリなどの生物は見当たらず、左奥方向には湧き水すらあった。

四月一日になると米軍は沖縄本島に上陸する。島の中部北岸の嘉手納・読谷方面から陸に押し寄せたものの、予期していた抵抗が日本軍からほとんどないことに拍子抜けしたとされる。実際、日本軍は空軍力を壊滅されていた。本土決戦に至る前に、少しでも「本土決戦までの時間稼ぎをせよ」という指令が出ていた。そのため短時間で終わるような直接戦闘で迎え撃つのではなく、軍人は住民にまぎれてゲリラ化し、できるだけ相手を悩ませる戦法を取り、文字どおり「捨て石」となって時間稼ぎをしようとした。

沖縄周辺海域に集結した米兵は五十五万人（支援部隊を含む）。実際に上陸した兵力は十八万だったが、迎え撃った日本軍は十一万人。そのうちの三分の一は現地召集の補助兵力にすぎなかった。

海上に数千と押し寄せた艦隊から放たれる艦砲射撃、空からは機銃掃射。さらに上陸した部隊による火炎放射器や爆雷による攻撃で、昼間は爆音が鳴り止むことがなかった。昼間は外に出られる状態ではなかった。住民の移動は夜に限って行われた。

四月二十九日の天皇誕生日（天長節）には、日本軍による総反撃が行われるとの希望的観測が広まっていた。だが、この日の情勢も一ミリたりとも変化は見られなかった。みな落胆の色を隠せなかった。この日、洞窟内では酒をまじえたお祝いの席が催されたという。長嶺は「その壕で那覇署員で酒をたくさん集めて祝いました」と回想している。このときヨネは妊娠七カ月だった。

『秘録沖縄戦史』では、那覇署長の具志堅宗清《ぐしけんそうせい》（一八九六－一九七九）が島田知事に対し、「勝ったら閣下は内務大臣まちがいありません」と冗談を口にすると、島田知事が「では君はワシントンの警視総監だ」などと笑い合ったという。戦争でアメリカに勝利することを前提にした話だったが、こうした会話がなされたのであれば、おどろくべき状況判断の欠如というほかない。

山川はこう記している。

「洞窟内に踊りの上手な芸妓が二、三人まじっていた上に、三味線、太鼓、衣装なんでもそろっていたので飛び入りも賑やかで実に盛会を極めた」

山川の記述によると、それからまもない五月十日ごろ、日本軍から那覇署に対し、作戦上の必要を理由に壕を明け渡すよう連絡がなされた。その結果、五月十三日、およそ七十人の署員たちは約五十日間住み慣れた洞窟を後にすることになった。「それは惨憺たる難民風景であった」と山川は書いている。

五月下旬、首里城の軍司令部がついに陥落する。司令部は摩文仁の丘へ向けて移動し、さらに一カ月間に及ぶ持久戦へ持ち込むことになる。その分、日本本土への上陸作戦は遅れた計算になったかもしれないが、その間に、五万人近い地元住民が不要な犠牲となった。

本土の〝捨て石〟にされたとの意識は、いまも沖縄に根強く残されている。仮に首里司令部が陥落した段階で速やかに降伏していれば、数万人の犠牲者は生まれなかったとの思いからだ。やがて沖縄は雨の激しい梅雨を迎えた。

南部に転戦、捕虜となる

このころ長嶺は那覇署長の具志堅宗精との折り合いが悪くなっていた。本人の記録によると、次のように記述されている。

「そのころ、那覇署長の具志堅さんと口論したことがあります。理由は、具志堅署長は立身出世のためには、巡査のことは二束三文にしか考えず、気に入らないと壕から追い出し、そのために亡くなった巡査もいたはずです。そこで私が『非人道的だ』と言ったところ呼び出されて、『君は使いにくい』と言われたので、私は『意見具申しただけです』と言い合いました」

日ごろ温厚で知られた長嶺だったが、上司とこのような衝突の仕方をしたのは意外な感じがする。さらに次のような〝落ち〟がついている。

「それを聞いた佐藤特高課長が、私を気に入って特高課勤務にしました。佐藤特高課長は、島田知事のご機嫌取りをする具志堅署長が気に入らず、その具志堅さんと私が口論したため、私のことを気にいったのだと思います」

額面どおりに受け取っていいものかどうかわからない。洞窟暮らしの中で、部署が特高課に変わったとしても、実質的に仕事に変化はなかったものと思われる。これは私の推測にすぎないが、既述の「巡査」には長嶺の家族を含んでいた可能性はないか。具志堅署長はその後、部下を置いて真っ先に米軍に投降したと疑われた人物とされる。だが本人の手記では何度も自決しようとしたとも記載されている。

ともあれ、警察内部における上司との対立は、その後の警察での立身出世に微妙な影響を与えた可能性がある。長嶺が戦後、警察生活に見切りをつけた要因の一つに、そのようなものが横たわっていたと思えなくもない。

那覇署員と真和志村役場の関係者とで構築した自然洞窟は、その後は日本軍が使用することになった。だがそこから移動するにしても、大所帯の那覇署員らの落ち着く先が、混乱の最中、すぐに見つかるわけではなかった。

当初は豊見城《とみぐすく》村の上田の壕をめざしたというが、多くは墓や壕に住民らは身を寄せていて、警察署員もバラバラに分散して身をひそめるしかなかった。

沖縄本島では中部地帯を米軍が占拠したため、もはや北部に逃げる手段は残されておらず、南部方面に逃げる道を求めるしかなかった。軍司令部と同じく、警察署員らも南部の摩文仁方面をめざした。

山川の記述によれば、六月五日、那覇署員らは三隊に分かれて南部の摩文仁をめざしたという。長嶺によれば、「六月八日に糸満《いとまん》署にたどり着きました」とある。「そのころはもう命令系統は機能せず、その状況によって個人で判断していました」という状態だった。この言葉は真実だろう。

糸満市にある有名な壕に「轟《とどろき》の壕」と呼ばれる場所がある。鍾乳洞の大規模なもので、壕の中に小川が流れていることで知られる。雨季には川の流れが大きくなる。往時から七十六年すぎて、私もこの壕の中に潜った。入り口の小さな穴へと身を投じた瞬間、両耳に川のせせらぎの音が入ってきた。内部に降りた左側を住民、右側を軍関係者が使ったとされる。

戦後は、道路工事などで落盤が発生し、当時の原形をとどめているわけではなかった。二〇二一年三月に封切られた映画『生きろ　島田叡—戦中最後の沖縄県知事』(佐古忠彦監督)では、この壕は海軍に属した宮城嗣吉が投降を呼びかけ、多くの住民を救った場所として描かれている。

この前後のころと思われるが、逃げている途中の長嶺一行は、米軍機などの直接攻撃を受け、命拾いしたことがあったようだ。長嶺はとっさに自分の身を移動させ、当時一緒に行動していた新婦のヨネらを置き去りにしてしまう結果となったという。

この逸話は、長嶺の子どもらの時代になっても酒の席になるとヨネの口から持ち出され、長嶺はそのたびに小さく畏まっている姿を孫の文士郎《ぶんしろう》らが記憶している。結果的に運よく二人とも生き残ることができたからこそ平和な時代になって語られた回顧談だった。このエピソードを耳にするとき、いかにも長嶺らしい人間味あふれる光景と感じる。

糸満署の壕に入った長嶺らは、翌日には摩文仁まで移動し、海岸側に口を開けた崖下の穴に隠れたという。その間の行動は集団ではなく、個人あるいは少人数で、夜間に限って行われ、その間の食料は、さとうきびで飢えをしのいだとする。

轟の壕に入った島田知事の一行は六月九日夜、荒井警察部長が警察警備隊の解散命令を発令した。長嶺はすでにこのとき別行動で、この中には含まれていなかった。

六月二十二日か二十三日に牛島司令官らが自決した事実を耳にした長嶺らは、警察官としての任務と役割も終わったと見切りをつけ、自ら米軍に投降する。

『空手道』では「壕内に同居していた警友三人とともに、進んで米軍の宣撫班《せんぶはん》に捕えられた」と記している。本人が晩年に語った別の資料では、「投降した時には、私の妻とその後弁護士をして亡くなった方と一緒だった」という。

どちらが本当かはわからない。そのころ壕で知り合った兵隊の一人から、拳銃や手りゅう弾を携行していると不利になるから捨てるようにアドバイスされ、それに従ったと記している。警察官としての痕跡を消したわけだ。

文面から推察するに、投降した場所は糸満市内のはずだったが、やや北東に位置する「具志《ぐし》頭村《かみ》」で捕虜になったと述べた別記録もある。こうした記録の不整合は長嶺の半生をたどると決して珍しいことではない。

極度の疲労と緊張のせいか、当時の長嶺の頭髪はすべて白髪に変わっていた。米軍から年齢を尋ねられたとき、四十歳に満たない長嶺の姿は六十歳くらいに見えたらしい。『空手道』に次の記述がある。

「去る第二次大戦で、私は那覇警察署の非常物資小隊長を務めたために、激戦を極めた首里戦線から島尻の南端に追いこまれて、いくたびか砲煙弾雨の危殆に瀕したが、昭和二十年六月二十二日、日本軍第三二軍司令官牛島中将の自決という情報に接し、もはや抵抗をつづけていくことの無意味をさとった」

さらに牛島司令官の自決について、長嶺はこう記している。

「古式の武士道に従い、いかにも名将にふさわしい見事な最期だった」

絶望の中で拾った本

『空手道』によると、米軍の捕虜となった長嶺らは、伊良波《いらは》という部落に送られ、傷ついた人を病院に送る雑役に従事した。別の資料では、「妻も一緒に小禄の収容所に行きました」と書かれ、そこでは那覇署の署長だった具志堅宗精が先に投降していて、二世兵士とともに捕虜を尋問していたので「とても憎まれていた」などと記している。

伊良波と小禄という場所の違いに記憶の混在が見受けられる。いずれにせよ、収容所に入れられ、そこで生活したことは確かだろう。

当時、米軍は沖縄本島内に十数カ所の民間人用のキャンプをつくり、住民を強制収容していた。キャンプといっても名ばかりのもので、空き地をロープで囲っただけの簡単なものだった。

長嶺はそこで班長となり、ある日、路上で本を拾ったという。

「それは奇しくも船越《ふなこし》義珍《ぎちん》先生の著わされた『空手道教範』であった。偶然とはいえば偶然、それだけのことにすぎないが、しかし私はそこに偶然以上のものを感じたのである。天は私に空手に生きよ、と告げているのだ、と感じとって、その日から敗戦の苦しさの中に希望の光明をとり戻し新たなる覚悟を決めた」（『空手道』）

米軍キャンプ内で拾った２冊の書物

『空手道教範』（大倉廣文堂）は一九三五年に発刊された船越義珍の筆による空手技術書である。著者の船越は長嶺にとって最初に空手に親しませてくれた教育上の恩人だ。船越は東京に出て二十年以上空手普及に携わっていたが、このころは疎開先の九州にいた。以来、四十年以上すぎた九一年、警察関係者によるインタビューで、長嶺は「その本はいまも持っています」と応じている。

実はもう一冊、長嶺が拾った本があった。タイトルは『士魂《しこん》』。中崎辰九郎《なかざきたつくろう》の著作で、一九四三年十月に東京で発行されたものだった。

『空手道』によると、それからまもなく、長嶺は別のキャンプに送られた。人数調整の都合などからキャンプ間の移動は日常的に行われていたようだ。行き先は、北部の名護市に近い宜野座村《ぎのざ》（当時は金武村《きん》）の古知屋《こちゃ》だった。

別の記録によると、長嶺は妻と別々の収容所に入れられたと書いている。また長嶺の両親は配給所の係をしていたとの記述がある。

細かい点には多くの齟齬《そご》が見られるものの、大筋では当初とは別の収容所に移動し、終戦までそこで過ごした事実を示している。

広島と長崎に原爆が投下された数日後の八月十二日、ヨネは収容先の馬小屋で、長嶺との第一子となる男の子を出産した。松林流空手の二代目宗家となる長嶺高兆《たかよし》（一九四五－二〇一二）である。高い兆《きざ》しを持った人間に育ってもらいたい、頂点に立ってもらいたいという願いを込めて付けられた名前だったという。戸籍によると、高兆は終戦間際に国頭郡金武村《きん》で生まれている。

ヨネは戦後、「高兆の胎教は爆弾の音だった」と冗談まじりによく語ったという。那覇大空襲の直前に身ごもり、沖縄戦の爆撃が始まったときは妊娠六カ月の身重の体だった。嵐のような砲弾の中を逃げまどった日々が関係したのかわからないが、高兆は温厚な性格の父親とは正反対の性格に成長した。

長嶺家にとって祝い事ともいえる男児の誕生と裏腹に、悲しい出来事もあった。

将真の母ゴゼイが、久志《くし》村三原《みはら》（現名護市）でマラリアで息を引き取ったからだ。享年七十二。当時、北部の山に避難した多くの一般住民がマラリアにかかり亡くなった。八重山《やえやま》地方では

「戦争マラリア」とも呼ばれた。同い年の夫、将保《しょうほう》が見送ったものと推察される。

将真は父・将保の晩年、人生の記録を自ら聞き取り、文章に残したが、なぜか母ゴゼイの思い出は一行も記載していない。同じ泊村の出身で、明治初期に生を受けたゴゼイは、当時の例にもれず働き者で、夫を支え、懸命に子育てをした女性であったことは間違いない。ちなみに摩文仁の丘にある「平和の礎」には、長嶺ゴゼイの名も刻まれている。

空手家たちの沖縄戦

「鉄の暴風」と呼ばれる大量の砲弾が撃ち込まれた沖縄本島。四月一日の米軍上陸に始まり、七月までの戦闘で県民の四分の一が命を落とした。当然ながらこの中には沖縄を発祥とする空手の武人たちも多く含まれていた。

新里仁安《しんざとじんあん》は、剛柔流の宮城長順《みやぎちょうじゅん》のもとで修行した有力な弟子の一人だった。警察官として仕事をしたあと、県職員に転身。一九四五年には兵隊として中部にいたが、米軍の艦砲射撃が始まった三月三十一日、金武村で命を落とした。宮城篤正《みやぎとくまさ》・元沖縄県立芸術大学長が書いた記事によると、新里は金武の壕に避難していたところ、壕を出た瞬間に不運にも米軍機からの直撃弾を浴びて即死したという(「琉球新報」二〇二一年五月二十四日付)。新里は長嶺と同じく那覇商業学校の出身で、長嶺より七年ほど年長だった。

職業も同じ警察官だった時期がある。長嶺が新里について何かを語った記録は見当たらない。

宮城長順を通じて何らかの面識があったことは間違いない。新里の死をだれよりも残念がったのが師匠の宮城だった。将来は後継者にしようという考えがあっただけに、戦後は「ジルー(新里のあだ名)が生きていれば」と悔しがるのが口癖となった。

六月十一日には知花朝信《ちばなちょうしん》の師範代だった座波次郎《ざはじろう》が亡くなった。六月二十日には糸洲安恒《いとすあんこう》の弟子だった徳田安文《とくだあんぶん》が死亡した。時期から考えて、いずれも爆撃や砲弾に巻き込まれての死と推察される。

新里という弟子を失った宮城長順本人も、沖縄戦では悲惨な経験をしている。自宅が全焼し、蓄えていた空手関係の本や資料などをすべて焼失した。それだけでなく息子や娘も戦災に巻きこまれて死亡した。さらに自身も九死に一生を得る体験を味わった。宮城の孫弟子にあたる東恩納盛男《ひがおんなもりお》(一九三八-)の著作『剛柔流空手道史』(チャンプ)に次の記述がある。

「沖縄戦のとき、長順先生は危機一髪を逃れた。その当時、長順先生は家族を先に進ませ、自身は、家族から離れて国頭へ避難の途中、ちょうど田んぼに差しかかったときである。突如として山の間から、アメリカの戦闘機グラマンが飛んできて、襲撃してきたという。田んぼの道は少し高くなっているので、一瞬受け身のように身体をころがして、少し窪んだ田んぼに身を隠し、グラマンの砲弾をよけたという。さらにグラマンは襲撃してきた。長順先生は、今度は反対の道へ横切って弾を避けた。するとグラマンは短気をおこして続けざまに何度も襲撃してきた。先生は田んぼの小道をジグザグに走りながら、猫のように敏捷な動きでグラマンの襲撃を避けたのだ。とうとう、グラマンのパイロットは諦めたのか、飛び去って行ったという。長順先生は『本当に空手をやっていてよかった。あのグラマンのパイロットも帰って行って、同僚に話しているんじゃないかなあ。あのときのことを』と話していた」

最初に本島中部を占領し、南北を分断する戦略を取った米軍は、中部の田井等《たいら》にキャンプをつくった。さらに石川（現うるま市）で戦後の行政組織を立ち上げるために沖縄諮詢《しじゅん》委員会を発足させ、行政組織の新設をめざした。勢い、臨時にできた便宜上の架空の町ともいえる田井等市が、戦後行政の出発点となった。このとき剛柔流開祖の宮城長順は、田井等市議の一人として当選している。

東恩納の著作に出てくる人物の話によると、宮城は田井等市の住民たちに推薦されて立候補したが、選挙運動はさして行わなかったという。それでいて当選した宮城と、選挙運動をしたにもかかわらず落選した人物とを比較している。ただ市議会議員としての期間は数カ月という極めて限られた期間にすぎなかった。宮城はその後、警察学校の空手教官として呼び戻され、具志川《ぐしかわ》市に移った。

戦前の早い時期から全国の都道府県警で唯一、柔道と剣道に加え、空手を取り入れていた沖縄県警察において、空手の教官は宮城長順が担ってきた。そのため、宮城の弟子の多くがいったんは警察に奉職する身となっている。仕事をしながら空手の稽古を続けるのに有利な面があったからとも思われる。新里仁安にとどまらず、長嶺と同じく戦後の沖縄空手界の四天王として活躍した八木明徳《やぎめいとく》も、宮城の弟子として、戦前は警察官の仕事に従事した。八木は沖縄戦当時は久米島《くめ》に駐在し、本島の惨状には直接ふれてはいない。

長嶺より七年遅く警察に職を得た八木は、当初は糸満署や首里署に勤務し、優秀な警察官が選抜される特高刑事にも抜擢された。浦添《うらそえ》村の駐在をへて、那覇署に勤務した。十・十空襲で自宅を焼かれ、妻や娘、生まれたばかりの長男・八木明達《やぎめいたつ》（一九四四－）など家族を北部に移動させ、自分だけ職務のために那覇市に残っていた。八木の著作『男・明徳の人生劇場』（若夏社）には、その様子がこう描かれる。

「妻は『父ちゃんも一緒に行ってくれ』と言っていたが、警察の人がそんなことは出来ないと答え、そこを去った。本当にみじめな別れだった。足の不自由な義母を中心にしてゆっくりゆっくりと落ちのびる姿は何ともたとえようがなかった」

十・十空襲後、廃墟と化した那覇には住民の人影は少なく、兵隊と警察官、自警団だけがいたという。あるとき崇元寺《そうげんじ》近くを歩いていると、酒屋のタンクに泡盛がいっぱいあったのを見つけて、その後は毎日、街の巡視のたびにそのタンクから泡盛をバケツにくんでおいしく飲んだとのエピソードが紹介されている。

一九四四年の年の瀬が押しせまったころ、八木は那覇署の山川泰邦《やまかわやすくに》次長から突然「久米島駐在勤務」の辞令を言い渡された。すでに制海権は米軍の手に落ちており、海を渡って赴任するだけでもイチかバチかの命がけの時期だったという。短気な八木は「だれが決めたのですか」

と食ってかかり、「署長が」という言葉を聞くやいなや、具志堅署長のもとに直談判に駆けこんだ。長嶺と折り合いの悪かった例の署長である。

「海上がこんな危険なときになぜ久米島に行かねばならないのですか」

八木が憤懣《ふんまん》やるかたない怒りをぶつけると、具志堅は困り果てた様子で懇願するようにこう言った。

「君は強くて勇気もある。軍隊のいない久米島に行ってもらうと住民が安心して喜ぶと思う。男と見込んでの頼みだ。頼む、屋宜君《ママ》……」

こんな頼み方をされたら、武人の八木も黙るしかなかっただろう。家族に意思を確認すると、「どこにいても同じでしょう」と妻があっさり認めたので、ある晩、家族で小さな船に乗り込み、久米島に赴任した。

沖縄本島と異なり、米軍は久米島には上陸しなかったが、日本軍によってスパイ扱いされた住民が二十人以上亡くなった。終戦の報を聞いたときは、八木は「青年団とともども涙が枯れるまで泣いた」というから、純粋な人柄がうかがえる。当時、八木の年齢は三十三歳だ。

戦後は比嘉佑直《ひがゆうちょく》も警察に奉職した時期がある。長嶺、比嘉、八木と四天王のうちの三人が同じく警察に在職した。それでも八木は戦後まもなく税関職員に転身し、長嶺と比嘉は警察官を辞め、二人は共に那覇市議として仕事をする。

沖縄戦時の那覇署長だった具志堅は、戦後、オリオンビールを創業し社長に就任した。八木は税関所長就任の際、具志堅から「久米島に行ってよかったね」と言われたという。

戦後の一時期は沖縄戦を生き抜いた人たちの間で、「運がよかった、悪かった」といった会話がよくかわされたと八木は述懐している。

比嘉佑直は一九三一年に那覇商業学校を卒業後、県に入職した。『拳豪 比嘉佑直物語』（風詠社）によると、十・十空襲のころは県の食糧営団の職員として仕事をしていたという。空襲に出くわした比嘉は、第一波の空襲がやんだころを見計らい、自分の両親を空手の直弟子である宜保俊夫《ぎぼとしお》（一九二三－二〇〇五）に託し、自分は公務のため、勤務先の県食糧営団事務所に向かったという。自宅のある松山から勤務先の東町まで通常なら歩いて二十分ほどの距離を、この日は建物という建物が崩壊し、燃え盛る中を、やっとのことで事務所の防空壕にたどり着いた。すでに所長はじめ、十数人の職員が出勤していたという。

当面の課題として、那覇港の倉庫に保管してある食糧を、日本軍と連携しながら、首里の陸軍司令部や小禄の海軍司令部などへ分配する必要が生じていた。『拳豪 比嘉佑直物語』によると、当時の那覇港倉庫には県民十万人分と軍隊十五万人分の三カ月分の食糧が確保されていた。

それから半年後、米軍が沖縄本島に上陸すると、県食糧営団の職員は営団壕に立てこもり、日本軍との攻防を見守った。責任者である所長は米軍の攻撃が迫っていると判断し、「これ以上の公務は無理」と結論し、「この戦争を潜り抜け、生きて再会したい」と訓示して解散したという。

比嘉は、単独行動をとるか、同僚数名で行動するかを迷ったというが、結局、同僚二人と運命を共にすることにした。日増しに激しくなる艦砲射撃や空爆に耐えながら、三人で大里村をめざした矢先、米軍歩兵隊と遭遇する。さとうきび畑に逃げ込んだが、二人の同僚は即死した。自身も左上腕に被弾し、生き残った比嘉だけが収容所に入れられた。

六月上旬、捕虜となった比嘉は知念収容所で新たな生活を始める。時間がありあまっていたので空手の稽古も存分にできた。収容所内で空手の熟練者という噂が広まり、民間警察の任を頼まれた。比嘉が戦後、警察官に奉職したのは、収容所時代からの流れだった。

上地完英《うえちかんえい》はこのころ、日本軍に徴用され、帝国軍人として本部《もとぶ》方面で戦っている最中だった。『精説沖縄空手道　その歴史と技法』（上地流空手道協会）によると、現地召集の防衛隊員として伊江島《いえじま》に配置されたのは、十・十空襲の直前だった。正規の兵隊である二等兵となった。戦況はひっ迫していたが、屋外、または防空壕の中で定期的に素人演芸会が開かれることもあり、上地完英の空手演武を所望されることも多かった。上地の空手家としての存在は、すでに部隊内で知れ渡っており、当時の中隊長は沖縄出身の宜保中尉で、あるとき本部方面に派遣するチームを編成する際、そこに完英が入れられたという。

米軍が沖縄本島に上陸する翌一九四五（昭和二十）年四月、伊江島は血みどろの決戦の舞台となり、日本軍は〝全滅〟。上地が伊江島にとどまっていれば「おそらくは戦死していた」と、既述の『精説沖縄空手道』は記している。

本部に派遣されたのは、中隊長の先を見越した配慮からだった。沖縄の伝統文化である空手の使い手である上地を、戦場でむざむざと死なせたくなかった中隊長の「計らい」だったという。もしこのとき完英が戦死していれば、戦後の上地流が「現在のままでは存在しなかった」ことは明らかだろう。完英の命を救ったのも、実は空手だった。

一方、長嶺の弟子であった仲村正義《なかむらせいぎ》（一九二五－九九）は戦時中、台湾にいた。終戦時の混乱の中で、青龍刀を持った中国兵が仲村に斬りかかってきたという。仲村は武器としてピストルを携行していたが、日ごろの空手の稽古がたたったのか、振り上げた相手との間合いにさっと入り、腕を押さえて、バンと突いたという。

「相手が刀の使い方を知っている人間だったら先に斬られていた」

あとで仲村はそう反省したという。

「お前、なんでこういうときに拳銃を使わんのか」

日本軍の小隊長からも叱られた。

「俺がいたころの中国拳法は大したことなかったなあ」

そう仲村が語っていたと証言するのは、同じ松林流で仲村から武術的な指導を受けた大城利弘《おおしろとしひろ》（一九四九－）だ。

『スヤーサブロー　宮城嗣吉物語』（沖縄タイムス社）で戦前の武闘派ぶりが描かれた宮城嗣吉は、戦後は沖映社長として、文化振興に取り組んだ経済人として知られる。本部朝基《もとぶちょうき》の弟子でもあった宮城は、長嶺にとっては兄弟弟子の関係に当たった。その宮城も、戦中は長嶺と同じように米軍に投降し、キャンプ生活を送った。前出の映画『生きろ　島田叡—戦中最後の沖縄県知事』では、轟の壕に潜む住民に対して米軍に投降するよう勧める宮城の姿が描かれている。

長嶺の二人目の師匠であった喜屋武朝徳《きゃんちょうとく》も、沖縄戦の犠牲になった一人だ。新里仁安のような直接の戦死ではなかったものの、石川収容所に収容され、戦後まもない九月二十日、栄養失調で絶命したことはすでに述べた。長嶺将真はこの時点で、伊波興達《いはこうたつ》、新垣安吉《あらかきあんきち》、本部朝基、喜屋武朝徳と、空手の師匠全員をこの世から失った。

戦後の沖縄空手界は、剛柔流の宮城長順、小林流の知花朝信という二人の「巨頭」を筆頭とする体制でスタートした。

第五章　戦後の出発と那覇市議時代

松林流を立ち上げる

八月十五日の終戦がすぎたころ、金武《きん》にいた長嶺に警察関係者から連絡があったという。具志川《ぐしかわ》の田場《たば》（現うるま市）に警察学校ができたので、そこに教官として復帰してくれとの誘いだった。長嶺はそこで刑事訴訟法を担当、階級は警部に昇進したという。

このにわか仕立ての警察学校にいるときに、田井等《たいら》市（現名護市内）に赴任する話が持ち上がったようだ。散り散りバラバラになった警察官たちは戦後、次々と復職した。長嶺は終戦直後の行政の中心地となっていた田井等警察署の副署長として赴任した。田井等市は、歴史に残る不思議な町だった。

キャンプからは住民たちが次々ともともとの居住地に戻っていき、人口は減る一方だった。いわば「仮の宿」ともいうべき自治体だった。米軍が市長を任命し、ナンバー2の助役には瀬長亀《せながかめ》次郎《じろう》が就任した。九月になると民主的な選挙で再度市長が選ばれ、瀬長は総務部長となって腕をふるっている。市議会議員の選挙も行われた。臨時の自治体であった田井等市は、一九四五年五月から十二月まで存在し、その後は羽地村《はねじ》へ改称された。

長嶺が田井等警察署の副署長に就任したのは四五年十二月のことというが、このとき同い年の瀬長亀次郎と顔を合わせたかどうかは定かでない。長嶺自身、ここで仕事をしたのは那覇に戻るまでの半年ほどの期間にすぎない。当時の署長は「新垣さんでした」と綴っている。期間は長くはなかったが、そこで務めを果たした後、戦災で焼け野原となった那覇署に舞い戻った。

ゼロからの復興が始まっていた那覇では、國場組《こくばぐみ》が臨時の行政単位である「みなと村」をつくり、那覇港から陸揚げされる物資の荷揚げ作業を一手に仕切っていた。四天王の一人、比嘉《ひが》佑直《ゆうちょく》の空手の一番弟子である宜保俊夫《ぎぼとしお》の半生を描いた『追想　宜保俊夫』（セイケイ出版）には、当時の様子が次のように描かれている。

「那覇港湾荷役作業隊は米陸軍輸送部隊の管轄下におかれていたが、この荷役作業全般を民間（みなと村）に委託し、作業隊長の國場が村長に任命されたのである。那覇軍港は軍需物資のほか建設資材、食料・医薬品などを貯蔵管理し、物資を配送する重要な拠点港だった。この米国からの支援物資によって沖縄県民の生活が維持され、また戦後復興も急ピッチで進められた」

当時のみなと村の人口は七千六百人。一九五〇年四月に那覇市と合併したため閉村したが、それは先の話だ。

現場の警察官から「私では対処できないので、長嶺さんを呼んでください」との意見具申がなされ、長嶺の異動につながったとされる。長嶺は戦前から経済警察のプロを自認していた。商業学校の出身者だったことが影響している。その結果、みなと村を管轄する警備派出所の責任者として任命された。

当時、「まだ那覇に住民はほとんどいないころだった」。住民の多くが本島内に点在する米軍建設の収容所内に暮らしており、建物もすべて破壊され尽くした那覇の街は、事実上、廃墟状態であったという。これが戦後一年くらいたったころの状況だった。

警察は治安維持に取り組もうとするものの、米軍ににらまれ危険な状態だったので、出勤時にはあえて制服を着用しないようにしていたという。那覇署の周りも金網で囲ってある状態だった。

沖縄で貨幣経済が復活するのは、住民が地方の収容所から戻ってきたころだ。一方で、米軍による規格住宅づくりが推進された。長嶺家にも割り当てが回ってきた。住所は「牧志《まきし》町二―三十二」。現在のセントラルホテルに近い場所だったと次男の博文《ひろふみ》は証言する。

プライバシーを保てる家屋をようやく手にした長嶺は、新婚の妻と生まれたばかりの息子たちを呼び寄せた。この規格住宅を少し改造して「仮道場」をつくり、このとき初めて「松林流《しょうりんりゅう》」という自派の看板を掲げることになった。空手流派「松林流」が正式に産声《うぶごえ》を上げた瞬間だった。一九四七年七月、長嶺が四十歳になったばかりのころである。

「昭和二十二年七月に、那覇市牧志町に、戦後初めて現われた規格住宅なるものを建てて住むことができたのであった。一応そこに落ちついたので、規格住宅を拡張して仮道場とし、『松林流興道館空手道並古武術研究所』と命名、青少年とともに空手の稽古を始めたのである」（『空手道』）

このときの「青少年」の中に、長嶺道場の師範代に成長する二十一歳の仲村正義《なかむらせいぎ》、高校生になる前の田場兼靖《たばけんせい》らがまじっていた。

他方、同い年の瀬長亀次郎は、田井等市で助役や総務部長を歴任したあと、糸満市の市長職をへて、「琉球新報」の前身である「うるま新報」社長に就任する。一九四七年七月、瀬長らは石川市で沖縄人民党の創立大会を開催した。長嶺が新流派を立ち上げたのと同じ月のことだ。沖縄空手に生きた長嶺将真と、共産主義の理念に生きた瀬長亀次郎――。二人の戦後史における出発点が、奇しくも同じタイミングでなされた事実は因縁めいている。

この年、戦後の沖縄における最初の政党である「沖縄民主同盟」（組織者・山城善光、事務局長・仲宗根源和）が人民党より一カ月ほど早く結成された。

こうして長嶺は朝鮮戦争が勃発する一九五〇年まで、那覇署勤務と警察学校勤務を二度ほど繰り返した。この間、ヨネは第二子となる長女道子《みちこ》、さらに次男博文《ひろふみ》を出産する。

長嶺はこのころ日常業務の中で、ある傷害事件を担当した。容疑者となったのは那覇商業学校の後輩・比嘉佑直の直弟子となった宜保俊夫だった。先ほど引用した『追想　宜保俊夫』に、その様子が次のように描かれる。

「宜保はその場で那覇署員に殺人容疑で逮捕された。担当刑事は長嶺将真（松林流空手道宗家）で、取り調べは『正当防衛か、殺人事件か』が焦点になった。長嶺は『蹴ったのは殺意があったからだ』と主張した。これは長嶺が『足武士《ひさ》』として恐れられた新垣安吉《あらかきあんきち》の蹴りの威力を承知していたからである。だが、宜保は『突き』に重点をおいて空手修行をしていたので、破壊力は『蹴り』よりも『突き』が優ると確信して強く反論した」

宜保は長嶺、比嘉と同じく那覇商業学校の出身者だった。宜保の父親は沖縄県警察に勤務し、長嶺の先輩に当たっていた。この奇妙な取り合わせのもと、捜査はどのように進んだのか。

「結局、長嶺は宜保の主張に折れ、みなと村民を騒がせた事件は『正当防衛』として処理されて一件落着した。その時、宜保は二五、六歳だった」

宜保は一九二三年生まれ、長嶺より十六歳年下だった。出生地は比嘉佑直と同じ若狭町で、十四歳年上の比嘉を慕い、弟子入りした人物だ。

比嘉も、宜保も、闘争心の塊のような武闘派タイプで、比嘉は一日一回、必ず外で実戦を行うように宜保に指導したという。終戦後の混乱期、宜保はめきめきと頭角を現し、映画や不動産などの事業を手がけ、そちらの分野でも成功していく。

最後の署内柔道大会

一九五一年一月、長嶺の階級は地方警察官の最高位となる警視に昇格した。同時に本部《もとぶ》地区警察署の署長に栄転する。地方とはいえ、県内の北部地域を管轄する警察行政のトップだった。

長嶺は那覇で自身の空手道場を持ち、青少年と一緒に汗を流すかたわら、もっと本格的な道場を開きたいとの欲求が日に日に膨らむのを感じていた。本部署長になるからには、那覇に常駐することは難しくなる。週末に那覇に戻るにしても、平日の稽古は弟子に任せるしかなかった。

本部署に着任して早々、長嶺は歓迎会の席上、署員らにある提案を投げかける。

「君たちは三等の表彰状があるようだが、全県を制覇する気持ちはあるか。私について死に物狂いで稽古するつもりはあるか」

署員は長嶺が空手の使い手で、剣道、柔道にも熱心であることを知っていた。新しく赴任してきた武術に強い署長が、県内の警察署対抗の柔道大会で優勝カップを取る気はないかと皆を挑発したのだった。その場にいた署員らは「やります」と即座に応じたという。

「よし、明日から稽古をする」

血気盛んな署員らは、飛び上がって喜んだという。もともと本部は沖縄相撲（角力）が盛んな土地柄で知られていた。それでも本部署の署員数は、那覇署などの大所帯の署に比べるとわずかな人数にすぎなかった。しかも、田舎だけに勤務場所は少人数で分散して配置されている。集まって合同稽古を行うにも効率が悪いことは明らかだった。考え抜いた末に長嶺は次の提案をしたという。

「八人くらいの選手候補を選んで、毎日稽古ばかりをさせたい。他の者は柔道の稽古をしなくてもよいから、選手の分も仕事に励んでいただきたい」

新署長の奇抜なアイデアに、皆喜んで従ったという。その結果、十月の大会に向け、選ばれた選手たちは、仕事よりも柔道優先で、終日稽古に時間を使えることになった。

黒帯は一人もいなかった。全員白帯を締めていた。このころは柔道着すら簡単に手に入らない時代である。長嶺が新署長として出席した郷友会《きょうゆうかい》の歓迎会の折、青少年育成のために犯罪予防に尽くしたい旨の抱負を述べると、郷友会が協力を申し出てくれた。そこで長嶺が新しい柔道着を所望すると、十着分の柔道着をそろえてくれたという。

選抜された選手たちは日常のスタミナ食にも工夫をこらし、稽古には長嶺本人も柔道着姿で参加した。そうして迎えた十月の大会。長嶺の著書に次の記述がある。

「二百人を擁する大警察たる前原署、コザ署、首里署、那覇署などの選ばれた猛者連の黒帯組に比すると、私の率いる本部署はわずかに六十人足らずの署員、その中から編成された八人のチームの内容はすべて白帯だけである。ところが、この私のチームが全琉十三の警察署を制覇して堂々の優勝を成しとげたのである。一年近くにわたった、文字通りの血の出るような荒修業がここに実を結んだわけである。私も補欠として選手名に登録されていたので、私を含めて選手全員が、この時に文句なしに認められて黒帯をもらった」(『空手道』)

最後の決勝戦は、予想どおり大所帯の那覇署が相手となった。相手方の五人目となる大将は、宮里栄一《みやざとえいいち》(一九二二－九九)。剛柔流の空手家としても名を知られるが、もともとは柔道の選手だった。大将同士の対決にもつれこんだが、長嶺の作戦を授けられた本部署の大将が勝利した。

このときの試合を沖縄柔道連盟史に残る勝負と評した関係者もいたらしい。実はこの戦いには裏話がある。本部署での猛稽古の最中、一人の年配の署員が打ち所が悪く、死亡する事故が起きていた。

「どうしても勝ち戦にしなければならない」

署員らには固い決意が生まれていた。長嶺は後年、警察のインタビューでこう語っている。

「私たちは優勝旗をもって墓に行き、報告しました」

完全燃焼したという思いが生まれたのか、長嶺はここに来て退職を決意する。

警察に奉職して二十年。那覇に、大きな空手道場を開いて空手一筋の人生を歩み出す夢を描いていた。本部と那覇を週末ごとに往復する生活に不便を感じていたとも思われる。

警察官という仕事は空手や武道を続けるには「適職」だった半面、公務員の立場は転勤の辞令にも従わなければならない。さらに松林流の後継者と見込む長男の高兆《たかよし》が、小学校に入学する学齢期を迎えていた。事実、長嶺は警察を退職した後は那覇に常駐し、子どもと接する時間も存分にとって空手指導を行うことができるようになった。ある新聞記事で次のように語っている。

「那覇に正式の空手道場を作り青少年を育成したいと思っていた矢先に、家族の中に病人が出たりしたので五二年一月警察をやめて那覇に来た」（「沖縄タイムス」一九五六年六月十一日付）

ここで書かれている「家族の中に病人が出た」という家族がだれを指すのかは判然としない。当時、父親の将保《しょうほう》が七十八歳、高兆六歳、道子三歳、博文一歳である。歴史にイフはないものの、長嶺が警察に残っていたら、その後那覇署長くらいに昇進した可能性はある。だが、長嶺の目には別の将来像が映し出されていた。

道子の証言によれば、このとき警察職を辞することにもっとも強く反対したのは父親の将保だったという。就職難の最中に得た「天職」であったことをだれよりもわかっていたのが父親だったと思われる。自分が仕事で苦労した分、息子が安定した公務員の職を手放すのはもったいないとの気持ちも働いただろう。妻のヨネも後年、「警察を辞めなければよかったのに……」と同じ心境を孫の文士郎《ぶんしろう》に吐露している。警察人生を全うしていれば年金額も増え、退職後の生活も安定していたと思っての言葉だったようだ。

ちなみに長嶺が本部署の署長を務めていた同じ時期、戦後の〝沖縄密貿易の女王〟とうたわれた「ナツコ」こと金城夏子《きんじょうなつこ》（一九一六－五四）が逮捕され、本部署に連行されている。一九五一年四月のことだったが、ナツコと長嶺が顔を合わせたかどうかは定かでない。

本格空手道場の建設

一九五二年一月、長嶺は沖縄県警察を正式に退職した。四十四歳になっていた。この年、日本と沖縄は大きな節目を迎える。

本土では四月二十八日、GHQによる占領行政が終了し、正式に独立国としてスタートした。一方で、沖縄はそれと切り離される形で、米軍の占領が続くことになった。三月には現在の県会議員に当たる立法院議員選挙が初めて行われ、沖縄人民党の瀬長亀次郎がこのとき初当選した。

長嶺と瀬長。繰り返すが、同年生まれの二人の「自立」するタイミングが、まったく同じ時期であったことも何やら因縁めいている。

この年、長嶺は新道場の建設に向けて準備に追われた。久茂地《くもじ》の土地を借りて百畳規模の道場を建設。仕事でも当時、天下りという言葉が生まれていたかどうかは知らないが、沖縄第一倉庫の専務として迎えられ、五三年元旦号の「琉球新報」には長嶺の名前も入った同社の年賀広告が掲載された。

長嶺が本格道場を開設したのは実際は一九五四年に入ってからと見られる。それに先立つ五三年二月二十一日付の「琉球新報」に、道場開設への動きが次のように記事掲載された。見出しは「国技空手の確立へ　長嶺錬士近く道場開く」となっている。やや長くなるが全文を引用する。

「琉球の国技として伝統を誇る空手道は戦後道場がなかったことや、良き指導者を欠いたために活発な動きがなかったとはいえ、斯道《しどう》の研究者はいばらの道を力強く切り開き、ある程度の成果を収めてきた。その効果として一部青年層の積極的な動きと体育行事への参加で米人間《ママ》

（筆者注：アメリカ人の間）にも関心が深まりつつありいまや琉球固有のスポーツ文化として広く海外にまで普及されているので空手道のよき理解者である当間重剛、仲村兼信、護得久朝章、又吉康和、伊集朝規、宮城嗣吉諸氏の援助で空手道練士長嶺将真氏が那覇市久茂地小校東側に六十坪の本式空手道場を建設することになった。

これを伝え聞いた在東京斯道の大家船越義珍翁も長嶺氏の快挙を祝し『先ず其の心を正せ』の揮毫《きごう》を贈り激励してきた。船越翁は三十余年前に上京、東京で空手道の普及に努め昭和十四年幾千人の門弟から松濤館という大道場を贈られており八十四才の高齢でいまなお六大学の顧問として普及に献身している。また中央の経済界で活躍し三船十段の愛弟子たる講道館六段、太平洋通商社長金城朝光氏も道友長嶺錬士の今回の計画に師範着一着と激励文を贈って祝意を表しており各方面からの賛助者が多い。長嶺錬士は近く建設工事にとりかかって世界的武道への確立めざして専念することになっているが、次のとおり語る。

『かねて計画中の空手道場建設に対し郷土の諸先輩および知友と在京の斯道の大先輩船越義珍先生ならびに道友金城朝光氏その他から熱烈な激励援助に感謝しています。幸い中堅層の空手幹部が揃っておりますので相連携して空手のれん成につとめ精神作興を通じて沖縄の復興に努力したいと思います』」

記事を素直に読む限り、この時点ではまだ道場は完成していない。あくまで計画を伝える話にすぎない。

ちなみに長嶺の四十五歳当時の若い顔写真と船越の揮毫した書の写真二点が付せられたこの記事のすぐ下に、偶然ながら、「琉球経済新聞　仲井真氏が創刊」のベタ記事が載っている。「仲井真」は、後の県知事・仲井真弘多《なかいまひろかず》（一九三九－）の父親にあたる仲井真元楷《なかいまげんかい》（一九〇八－八四）のことだ。元楷は長嶺の一歳年下で、同世代だった。長嶺が那覇市議を務めた時期、奇しくも同僚議員として共に那覇市議を務める間柄となる。この仲井真は、剛柔流宮城《みやぎ》長順《ちょうじゅん》の直弟子であり、長嶺と同じく空手の使い手だった。

三足の草鞋

実は先ほどの「琉球新報」の記事が掲載されるまでには〝伏線〟があったと推測される。道場開設の予定記事が出るちょうど一カ月ほど前、同じ「琉球新報」紙上に、那覇市議会議員選挙の補選決定を伝える記事が掲載されたからだ。

このころ各自治体とも議員定数を増やす動きがあり、那覇市議会も定数増のための臨時選挙を行うことになった。投票日は三月二十九日。この選挙に、長嶺は立候補する決断をする。そのためその一カ月前に出された先の道場開設予定の記事は、選挙向けの宣伝を兼ねていたとも推測される。

この補欠選挙の数日前、実は衆参両選挙の公示もなされていた。そのため那覇市議補選は国政選挙の陰に隠れ、新聞紙上ではほとんど注目されず、立候補者の紹介もなされない中で粛々と行われている。

長嶺は空手関係、警察関係、那覇商業関係、親戚関係とあらゆる人脈を動員して人生初めての選挙に臨んだと思われる。結果として、運よく当選者の中に入ることができた。ただしこの選挙は補選であったために、翌年にもう一度、正式な選挙の洗礼が待っていた。

いずれにせよ一九五三年、長嶺は空手道場の建設に動くとともに、実業家としては「沖縄第一倉庫」の役員を務めながら、那覇市議会議員に初当選した。空手、実業、議員。いうなれば〝三足の草鞋〟を履く身となったわけだ。

同年十一月、那覇市長選挙が行われ、長嶺道場の有力支援者だった当間重剛《とうまじゅうごう》(一八九五－一九七二)が当選した。互いに気心を知る新しい市長のもとで、長嶺は〝市長派〟の市議会議員として仕事をすることになる。

もう一つ、この年の出来事で忘れてはならないことがある。長嶺の市議当選から半年後の十月、剛柔流の宮城長順が突然、心臓発作で死去したことだ。六十五歳の若さだった。戦後まもない沖縄空手界は、宮城と知花朝信《ちばなちょうしん》の二人が軸となってきたが、沖縄空手界は最大の武人の一人を失った。これも歴史のイフにすぎないが、宮城長順が知花(享年八十三)ほどに長生きしていれば、戦後の沖縄空手界の様相はかなり違ったものになっていたはずである。

市議会副議長に就任

長嶺にとって二度目となる那覇市議会議員選挙は翌年（一九五四年）九月に投票日を迎えた。長嶺は生涯において四度選挙に出馬しているが、実は任期満了後の正式な選挙はこのときだけである。

同じ月、那覇市に首里市、小禄村が編入され、定数を拡大しての市議会選挙となった。

このとき那覇商業学校の後輩で、戦後は同じ警察官として仕事をした比嘉佑直も参戦し、見事、初当選を果たしている。比嘉はこの後、八期二十七年の議員生活を全うし、市議会の議長職にも五年ほど就いている。

警察官出身の長嶺は、左右で色分けすると完全に「保守」の立場だった。当然ながら、アカと呼ばれた共産主義者たちとは対極に位置する。

一方の比嘉佑直の政治信条は、左右で色分けされるような単純なものではなかったようだ。イデオロギーよりも人物本位で対応を決める主義だった。長嶺が、瀬長亀次郎が市長になったときに対立陣営の急先鋒となって動いたのに対し、比嘉は裏では瀬長と連携するといった寝業師のような側面もあった。ともあれ、それらは空手とは何の関係もない話である。

長嶺はこの年の冒頭、久茂地に建設した新道場の所有権保存（建物）の登記を行った。一月二十五日付の「琉球新報」に道場開きの記事が掲載されている。見出しは「気合に復興の熱こめて　きのう松林流道場開き」だ。記事からそのまま引用しよう。

「松林流空手道場興道館（館長・長嶺将真）の道場開き、ならびに演武大会は二十四日午後二時から久茂地校東側の同館で比嘉主席夫妻、当間那覇市長、真栄田文教局長、比嘉官房長、糸数警察学校長、同館研究生ら約百名参集してはなばなしく開催された。長嶺館長のあいさつについで日本空手研究会、各大学から二十余の祝電朗読があり、ひきつづき比嘉主席、当間市長の祝辞があって師範長嶺氏はじめ助教、喜屋武真栄《きやんしんえい》、久志助恵《くしじょけい》氏ほか子弟らの演武に移り、エイッ、ヤーの気合もりりしく、復興途上にある青少年の意気を示し、満場の拍手をあび、午後五時すぎ本場の道場にふさわしく盛会裏に初の道場開きを終わった。

比嘉主席の祝辞要旨　戦前から空手を通じ沖縄青少年の心身たん練に努力してきた長嶺氏が戦後新しく道場を開き、青少年の心身たん練に乗り出したことは弟子諸君は勿論、私としても非常に愉快である。青白い体で口に復興をとなえても無意味であるのでたくましい気概をもって心身をたんれんし、郷土復興の推進力となるよう切望する。なお当間那覇市長も青少年の精神復興を特に強調した」

来賓の比嘉主席はいまでいうところの県知事に当たる。時の県知事と市長がそろい踏みして祝った道場開きは、当時としてはこれ以上はないほどに権威あるものだったといえよう。それは警察行政の中で二十年にわたり尽力してきた長嶺の努力のたまものだったともいえる。

皮肉なことは、それから二年半後、比嘉主席が狭心症で急逝したことだ。それにより長嶺の人生は大きく変わることになる。

比嘉主席の後任として白羽の矢が立ったのが、同じ道場開きの席に来賓出席した那覇市長の当間重剛だったからだ。当間が那覇市長を辞任したために行われた市長選挙で、〝赤い市長〟の異名をとる瀬長亀次郎が世に出てくることにつながった。

空手に話を戻すと、ここで名前が出てくる二人の人物について説明しておきたい。「助教」として紹介された「喜屋武真栄」（一九一二－九七）は、戦前からの長嶺の同志であり、もとは古武術の達人だった。空手においては長嶺のもとに参じ、松林流の重鎮として活躍する。面白いのは喜屋武の経歴である。

松林流を紹介した雑誌記事
（後列右から久志助恵、長嶺、喜屋武真栄。前列右端は仲村正義）

小学校の教員としての経歴が長く、教職員組合のトップや参議院議員を務めた。要するに、沖縄における〝革新の星〟の一人である。政治的には瀬長亀次郎と連携する革新のボスともいえた。だが空手においては保守的信条を持つ長嶺と親しく連携した。こういうところに長嶺の、空手と政治信条とは別という顕著な考え方が見てとれる。それは喜屋武も同様だった。

空手は沖縄が誇る独自の伝統文化であって、個々人の政治信条とは別物との発想が明らかだ。選挙のときは、お互いの領域を侵さないという「暗黙の了解」もあったようである。

もう一人、「久志助恵」も、長嶺の古くからの同志だった。久志と長嶺は、年齢は長嶺が二つ上だが、那覇商業学校の卒業年次は同じ一九二八年。入学年次が同じだったかどうかは判然としない。長嶺が二年生のときに胃腸病を患った際、一年留年するなどして卒業が一緒になった可能性もある。いずれにせよ卒業年次が同じだったことは名簿上明らかで、同じ学校の「同窓生」という関係性ははっきりしている。

久志は沖縄相撲（角力）の名手で、すでにこのときから喜屋武と同じく、松林流の最高幹部の立場にあった。

この記事が出て二カ月ほどすぎた四月四日付の「琉球新報」に、「入門者募集」の新聞広告が掲載されている。当時の様子を伝える内容なので、そのまま引用する（◎は判読不能）。

空手道入門歓迎　空手が本場の沖縄から東京に移りつつある現況に忍び難くここに同志相計り幾多の困難・排除して理想的な道場を設け去る一月から父兄会を開きました処六十余人の若人が集まり、心身のたん練に汗を流しておりますが父兄から非常に喜ばれております、なお余裕がありますので希望者の入門を大歓迎致します。稽古時間は毎晩（日曜日除く）午後七時半から同九時半まで、年◎条件はありません
場所は美栄橋地区久茂地校前　松林流空手道同志會　会長　長嶺将真

この広告を見る限り、長嶺の久茂地道場の開設時期は、この年(一九五四年)の一月で確定できる。

既述のとおり、長嶺はこの年の九月、二回目の選挙で再当選を果たす。議員経験はわずか一年半にすぎなかったが、翌月、市議会副議長の要職に就任した。

副議長は、議会においては議長に次ぐ枢要ポストで、現在なら考えられないくらいのスピード昇進ともいえる。背景には、市長の当間重剛との良好な関係があったからと思われる。空手で培った信用も大きかった。長嶺は以後三年近く、副議長の職を全うすることになる。

「沖縄展」で上京演武

長嶺は市議会副議長の立場で、空手でも大いに活躍した。新聞記事で確認できるものとして、東京に出かけて演武会を開催している。場所は日本橋の高島屋。一九五五年八月二十日から二十八日にかけて「沖縄展」が開催された。主要な弟子らを引き連れて上京し、連日、演武会を開いた。当時の「読売新聞」に大きな広告が掲載されている(八月二十日付東京版、二十二日付夕刊)。

主催したのは読売新聞社。会場となった高島屋八階の屋上では、期間中、空手の演武会や琉球舞踊の上演、特産品の即売が行われた。広告を見ると、特産品には本場泡盛、黒砂糖、手織つむぎ、陶器、漆器、工芸品、民芸品などが記されている。後援したのは、琉球政府（現在の沖縄県）と那覇市だった。当時、長嶺が市議会副議長の立場にあったことも関係したと思われる。本人は新聞記事でこう説明している。

「読売新聞社の主催で東京高島屋で沖縄空手大会を催した。これは沖縄体協とは何の関係もなく、読売新聞社の代表取締《ママ》高橋雄さい氏から直接公開を依頼してきたもので、本場の空手の面目を発揮して来た」（「沖縄タイムス」一九五六年六月十一日付夕刊）

新聞広告では「空手の秘技特別公開」と銘打たれ、「現地から空手・古武術の最高峰五人を招聘、基本組形・瓦割の妙技を演武」と書かれている。さらに、「毎日一時から二時半まで」と告知されていた。

この催しは沖縄の本場の空手が戦後の東京で公式に公開された最初の機会というべきもので、沖縄の地元紙「琉球新報」でも連日のように報じられた。

演武に参加したのは長嶺将真を筆頭に、久志助恵、喜屋武真栄、仲村正義、山口順弘《やまぐちじゅんこう》、古《こ》謝将進《じゃしょうしん》の六人だった。「琉球新報」では九月三日付で喜屋武の談話を掲載した後、帰沖した一行を集めて座談会を開催。九月十三日から十七日にかけて「空手を語る座談会」と題して五回に分けて掲載された。

そこで話題になったのは、東京では空手というと力道山の空手チョップのイメージが蔓延《まんえん》していたところで、そこに沖縄の本当の空手を紹介できてよかったといった感想とともに、東京で

沖縄展で上京の際、柔道の三船久蔵10段と。前列左から、久志、長嶺、三船、喜屋武。
後列右端から仲村正義、山口順弘、古謝将進　提供：新垣敏光

は空手の型が沖縄と比べて崩れているとの認識や、さらに今後は長嶺道場だけでなく沖縄の空手界全体で広く普及に取り組むべきなどの意見も出されている。そのために沖縄に統一した空手組織が必要であるとの認識も示されていた。長嶺はこのときの座談会でこう語っている。

「やはりこれは一つの連盟をつくってたとえば講道館のような権威ある団体に包含して統一したほうがいいと思いますね。私たちもそのためには本場の各師範に協調して本場から積極的に本土と連絡提携してそういう方向に持っていきたいと思っているんです」

ここで言っている連盟とは、東京の各道場を対象に述べた言葉である。喜

屋武真栄はこう続けている。

「沖縄でも沖縄空手連盟というようなものをつくって、日本の組織の中につながって提携して正統の道をおし立てて行くことは必要だと思います」

その上で長嶺はこう述べた。

「沖縄で協会でもつくって、そこから優秀な選手を派遣するというふうにですね。今回は都合で私の方の道場から派遣されましたが、将来はもっと全島的な代表を送って沖縄の空手を紹介したいものです」

このとき長嶺と喜屋武が語った構想が、翌年、「沖縄空手道連盟」の結成という形で実を結ぶ。この名称を指して、「沖縄空手道」という表記が最初に付された団体と評されることがある。後年長嶺は次のように語っている。

「東京における空手熱の激しさには脅威を感じた。そこで本場沖縄でも各流派に固執していたのでは自滅以外ないと考え、流派を超越した連盟の設立を痛感し、比嘉佑直氏と二人で各派の幹部に当たりはかった……」（「沖縄タイムス」一九五六年六月十一日付夕刊）

九月三日付の「琉球新報」の記事で目を引くのは、期間中の八月二十五日、長嶺一行は船越《ふなこし》義珍《ぎちん》のもとを訪れ、旧交を温めていることだ。記事には、船越を囲む長嶺、久志、喜屋武の四人の写真が掲載された。喜屋武は先ほどの座談会の中で、船越について次のような認識を語っている。

「本土における船越さんがつくられた功績というものはこれは偉大なもので、普及時代のお話をうかがいましたが、その忍苦と熱意にはまったく頭の下がる思いで、現状をながめてわれわれが残念に思うのは、いまもなお先生が四、五十代の体力をお持ちなら、本土の空手も正統な線に戻せると思うのですが、なにぶん御老体で、その面からの御指導がかなわんということは、本場空手にとってもむろん大きな損失と思うんです」

組手主体となってしまった東京の空手が、本場の沖縄の空手とかけ離れていることを懸念し、修正したいとの意欲を語っている。

「沖縄展」の空手演武は連日盛況で、長嶺の話では、「観衆はほとんどが青年男女の会社員か学生といったインテリ層」だったという。時にはこんなハプニングも起きた。会場がいっぱいで、演武が見えなかった熱心な青年が高いところにのぼって眺めていると、そこから落下して脳震盪《のうしんとう》を起こし、病院にかつぎこまれたという。演武者の一人、仲村正義は実はこのとき運悪く盲腸にかかり、同じ病院に緊急入院していた。その青年が同じ病院にかつぎこまれ、二人は仲良くなったという。その青年は中央大学空手部のキャプテンだったと書かれている。

沖縄展の最終日、演武を終わると観客は総立ちになり、「沖縄空手万歳」を三唱するほどの盛況ぶりだった。一行は、行きは飛行機、帰りは船で神戸経由で沖縄に戻った。

「沖縄空手道連盟」結成に動く

それから二カ月後、市議選のやり直し選挙が予定されていた。長嶺にとってわずか一年半の間に、三回目の選挙となった。この選挙が行われた同じ年（一九五五年）の夏、中学三年で長嶺道場に入門した玉城剛《たまきたけし》（一九四〇－）がこう証言する。

「先生が市議会議員の時代、選挙のときは道場は一週間休みでした。それを知っている人もいまは少なくなっています。当選のときも、落選したときのことも知っていますが、先生は選挙のたびに道場にお願いに来ていました。道場生だけでも結構な人数がいましたから、家族にもお願いしてくださいと頼まれました」

長嶺は市議選に通算四度出馬したが、議員だった期間はわずか四年三カ月にすぎない。当時、イレギュラーな選挙がいかに多かったかわかるというものだろう。

この年、長嶺は「沖縄汽船」の常務になり、実業家としては脂の乗りきった時期といえた。空手のほうも一九五六年五月、沖縄県の空手界を統括する戦後初の団体が、長嶺や比嘉佑直らの尽力によって結成された。

五月十八日付の「沖縄タイムス」には、「空手道連盟結成へ　四派集まりあす発会式」の見出しで、長嶺の顔写真入りの談話とともに、次の短い記事が掲載された。

「日本では東京を中心に関東、関西をはじめ九州各地で道場を開き、沖縄の空手術が新しいスポーツとして盛んに研究され、日本空手連盟をつくって強固な組織の下に普及指導が行われ

那覇市議時代の長嶺を撮影した貴重な写真
右側は弟子の高村成弘　提供：高村泰徳

ている。しかし本場の沖縄では現在剛柔流（故宮城長順道場）松林流（長嶺将真道場）小林流（知花朝信道場）上地流（上地完英道場）と四流派があって多数（外人門下生を含む）の門人を擁して道場を開いているとはいえ、何らの組織を持たず、各派で年何回かの発表会をもつ程度であったが、今回この四派が協力して空手道連盟を組織することになった。十九日ひる三時から教職員会ビルで発会式と懇談会を行う」

この記事に続く長嶺のコメントは次のとおりだ。

「空手をもっと対外的に普及発展せしむるためにはどうしても現在のように各流派がバラバラであってはいけないことを各派の幹部は痛感していた。

今度連盟をつくりその統一の下に各流派の技も生かし、将来は統一的な形もつくって、現在の柔、剣道と同じようなコースに持って行って正しい空手を発達させたい」

五月十九日に教職員会館で結成されたというが、会場を手配したのは長嶺の盟友である喜屋武真栄だったと推測される。当時の教職員会館（県教育会館）は沖縄県庁や長嶺道場にもほど近い久茂地三丁目の、まだできてまもない鉄筋コンクリート三階建ての建物だった（二〇二二年夏に解体）。このとき連盟の名称に「沖縄空手道」の文言が初めて記されることになった。

結成のための事前の話し合いは主に長嶺道場で行われ、初代会長に知花朝信が就任する運びとなる。長嶺は剛柔流の比嘉世幸《ひがせこう》とともに副会長として知花を支える形となった。武人であった宮城長順の逝去後、沖縄空手界の長老は、すでに知花一人となっていただけに、妥当な人選といえた。五月二十日付の「沖縄タイムス」には、「十九日ひる四時半から関係者約百名が出席」「沖縄の空手道発展のための画期的な出発の日」の記述につづき、結成されたばかりの沖縄空手道連盟の役員が次のように記載されている。

「会長…知花朝信、副会長…長嶺将真、比嘉世幸、理事…喜屋武真栄、久志助恵、宮平勝哉《みやひらかつや》、比嘉佑直、宮里栄一《みやざとえいいち》、屋宜《ママ》明徳、上地完英《うえちかんえい》、玉寄義正、友寄隆広」

十二人の役員のうち、松林流から長嶺とその側近である喜屋武、久志の計三人が入っている。小林流も三人、剛柔流も三人、上地流も三人と思われるバランスに配慮した構成となっていた。四流派に均等に人数を割り振ったことがうかがえる。

いまから振り返ると、長嶺にとっては「空手」と二つの仕事（「議員」「実業家」）の三足の草鞋が順調に回転していた、人生においてもっとも充実した時期だったといえる。

この束の間の時代を〝暗転〟させるきっかけとなったのが、瀬長亀次郎の登場だった。

共産市政の暗雲

前述のとおり、瀬長は終戦直後、田井等キャンプで田井等市の助役を務め、四五年九月の選挙では市長側につき、総務部長に任命された。ここで田井等警察署の副署長として十二月に赴任した長嶺との接点があった可能性がある。

その後は糸満市の地方総務（市長職）をへて、「うるま新報」（現「琉球新報」の前身）の社長に就任。一九四七年に石川市で沖縄人民党を創立し、〝隠れ共産主義者〟としての活動を始めた。

一九五二年、日本本土がGHQから独立した年に行われた立法院議員総選挙に立候補し、初当選した。初登院の際、米軍に公然と反旗を翻した瀬長の行動はあまりにも有名である。

瀬長は二年後に行われた同じ選挙でも再選を果たしたが、五四年十月、瀬長ら二十三人は突然逮捕された。いわゆる「人民党事件」である。実は同じ月に、長嶺は那覇市議会副議長に昇進した。

運命の皮肉な巡り合わせといえばそれまでだが、このとき長嶺は人生の絶頂期を、瀬長は〝臭い飯〟を食わされる対照的な形となった。

瀬長は逮捕と同時に議員資格もはく奪され、立法院議員（いまの県会議員）の資格を失った。獄中では被収容者の暴動騒ぎを収めたり、別方面の活躍もしている。その瀬長が出所するのは一年半後の一九五六年四月。長嶺が「沖縄空手道連盟」創設のために奔走していたのと同じ時期に当たる。

運命のいたずらは、瀬長が出所して半年後の五六年十月に突然訪れた。既述のとおり、琉球政府の初代行政主席であった比嘉秀平《ひがしゅうへい》（一九〇一－五六）が二十五日、心臓発作で急逝。一週間後、米軍によって二代目主席に任命されたのは、那覇市長の当間重剛だった。

そのため空席となった那覇市長の椅子をめぐり、年末に市長選挙が行われることになった。不運なことに、保守陣営は複数の候補者に分かれて分裂。そこに瀬長亀次郎が沖縄人民党書記長として出馬すると、割れた保守票の隙間をぬうように、わずかな票差で当選を果たした。

当時から演説のうまさに定評のあった瀬長が、大衆からの期待を集め、那覇市長に当選したのは十二月二十五日のことだった。本人は「クリスマス・プレゼント」などと軽口を叩いた。沖縄人民党の友党であった日本共産党機関紙「アカハタ」は二十八日付の一面トップで、「瀬長書記長当選」の記事を顔写真入りで大々的に報じた。

瀬長の市長就任式は翌年一月に行われたが、瀬長の市長就任とともに、米軍による執拗な嫌がらせが始まった。その結果、那覇市政は一年近い停滞を余儀なくされることになる。

当時、長嶺は市議会副議長の重責にあった。市議会において〝赤い市長〟と直接対峙する形となったのは、運命の皮肉な巡り合わせと言うしかない。

長嶺の人生においても、当時の那覇市民にとっても、一九五七年は波乱の幕開けの年となる。

第六章　実業家としての挫折

瀬長亀次郎と闘う

四百頁近い長嶺の最初の著作に、四年と三カ月に及んだ議員生活のことはわずか一行しか書かれていない。

「私はその間那覇市会議員を三期つとめた」(『空手道』)

空手に関する書物だからといえばそれまでだが、長嶺にとって、議員生活の中断は苦い経験となったはずだ。その苦みを味わわされるきっかけとなったのが、同じ学年に生まれ合わせ、共産主義を信奉した瀬長亀次郎《せながかめじろう》の那覇市長就任だった。当時の新聞は〝赤い市長の誕生〟と書きたてた。だが、瀬長が市長に在職したのは年が明けた一九五七年一月から米軍によって強制解職されるまでのわずか十一カ月間にすぎない。

本土でも瀬長は共産主義者ということが報じられた一方、当の瀬長はその事実を頑なに否定しつづけた。沖縄は本土と違い、米軍統治下にあった。資本主義の雄であるアメリカのお膝元で、共産主義者の市長が誕生したとあっては、米軍のメンツは丸つぶれだった。米軍はありとあらゆる妨害工作を始めた。

一方の瀬長の強みは、巧みな弁舌にあった。庶民感情をつかむ才覚にたけ、那覇市民からすれば、自分たちの市長が外国政府からイジメられている姿に映った。憤慨する感情を持つ市民も多かったようだ。

米軍は那覇市への銀行貸し出しの停止、那覇市民への水道供給のストップなどの具体的な嫌がらせを行った。一方、那覇市民は市民税を支払うため、自ら市役所に駆けつけた。

長嶺将真はこのとき、市議会副議長の立場にあった。保守系議員の中にあって中心的な役割を求められたといえる。勢い、議会において瀬長に対抗する勢力の中心としてふるまうことになった。そのツケは同年八月の市議会議員選挙において、長嶺自身を〝直撃〟する。

瀬長の市長就任後、最初の議会は、一九五七年一月末に開催された。

一月三十日に開かれた臨時議会で、予算案をめぐり対立の構図が露わになっていた。当初予算案どおりの可決を求める瀬長と、修正案を提出し、その可決を求める長嶺らとの間で激しく対立する構図となったからだ。長嶺は冒頭、市議を代表して討論の口火を切った。

「瀬長市長は資金凍結は春が来ればすべて解けると自信満々で言われております。一月二十日より二月三日までは大寒であります。二月四日から立春に入っております。あと五、六日したら春が来て資金凍結も解けるであろう。したがって国家百年の大針《ママ》たる都市計画事業に対し海に金を捨てるような姑息な手段では十一万市民を欺瞞しているのではないかと思いまして私は総務財政委員会の修正案に賛成いたします」

修正案は、現在の久茂地川の仕切られたところが放置されている部分はもともと都市計画事業で打ち切られた部分なので、瀬長が独自に予算に組み込んだ部分を除外することを求めたものだった。さっそく反市長派と市長側とがぶつかり合う形となった。

この時点で市議三十人のうち、瀬長派はわずか三人にすぎない。当然ながら長嶺らの修正案は楽々と可決される運びとなった。三日後の二月二日、継続の臨時議会が開かれた。

この日の議題は都市計画事業の促進から資金凍結解除まで、五項目に及んだ。趣旨説明を求められた長嶺が最初に登壇し、瀬長との対決姿勢を鮮明にしている。やや長くなるがそのまま引用する。

「瀬長市長が当選して市長の椅子についてから都市計画事業が完全にストップしている。市長はいかなる困難なことがあっても十一万市民八十万県民のために戦って仕事をやってみせると啖呵《たんか》を切っておられるが、就任して一カ月になるが何ら仕事の動きがないし、市民はその無能ぶりに那覇市はいったいどうなるであろうかと苦慮している。吾々二十七名はこの実状を見るに忍びないので連署して臨時議会の招集を要請した瀬長氏が市長になって、かかる現象に至ったのはいったいどこに原因があるか。その具体的意見を聞き、吾々の意見も十分開陳し、その結果から決議をすべき事実をキャッチしたいために都市計画事業促進についてを付議事件と致した」

長嶺はここまで述べて、もっとも言いたかったことに言及する。

「なお最後に強く申し上げたいのは、那覇市の市政が完全にストップしたその大きな原因は、瀬長市長のイデオロギーにあると、十一万市民八十万県民は見ておるのであります。市長は反米でも親米でもないと言っているので、吾々はいずれの立場が本当であるか、市民の前に立派に見せる責任があるのであります」

次の登壇者は、水道事業促進について趣旨説明を行った。長嶺と似たような追及を行っている。新聞報道で瀬長と日本共産党の密接な関係が報じられたことを取り上げ、「瀬長市長に対して協力することは共産主義勢力が増大するのを援助するようなもの」と主張した。さらに具《ぐ》志頭《しかみ》村が水を那覇市に分けることを拒否すると言っていることを取り上げ、こう主張した。

「新市長には誠にお気の毒でありますが、市長の座から引き退ってもらわなければならない」

その後、同僚議員の仲井真元楷《なかいまげんかい》も、似たような援護射撃を行った。仲井真は沖縄戦の体験から話を起こし、民主主義社会の尊さに言及。「仮装民主主義、口先民主主義でははなはだ困る」と共産主義を当てこするように批判した。

答弁に立った瀬長は、自分に向けられている疑念には直接答えず、米国の民主主義を尊重するとの答弁を繰り返すばかりだった。

続けて瀬長と中学の同期生であったという市議が質問台に立ち、「瀬長市長は軍から共産党であるといわれ、なおまた仲宗根源和《なかそねげんわ》氏の発行する、手紙の中にも瀬長氏ははっきり共産党だと発表されております」と追及を続けた。

「亀次郎氏は共産党と言われた以上は是非とも司直の手を借りて、裁判して白か、黒か、すなわち、共産党であるかないか、ということを、はっきりさせればこの資金凍結その他の問題も自ずから解けると思います」

これらに対する瀬長の答えは、あくまで否定の言葉で占められた。やや長くなるがそのまま引用する。

「人民党は別に共産党であるといったようなことになっておらないのです。沖縄人民党はちゃんと合法政党であります。許可されております。もう生まれてから九年ぐらいなります。その間沖縄人民党が共産党であると騒ぎ立てられたのはございます。ビートラー副長官のごときは、あの大島における中村安太郎議員の選挙で約十万枚と推定される印刷物を発行してそして沖縄人民党は、共産党であるからこれに投票するなということを海を渡って大島の全島にばら撒いたことも私は知っております。しかしどんなに共産党だ、共産党だと言ってもそうじゃないのだからこれは仕方がない。(中略)だから今別に裁判にかけまして瀬長亀次郎が白か黒か、あるいは赤か青か、これは別と致しましてそういったようなことは私、考えておりません」

これらの答弁に、仲井真元楷はアメリカに協力してこそ現実の沖縄において民主主義の育成が可能となり、沖縄の前進があるとの信念を述べている。さらに「人民党が本当に共産党でないということが、共産主義を信奉しないということをもう一度はっきりと腹の底からの誠意をもってお答え願いたい」と追及を続けた。

「私は、別に共産党の鎧《よろい》を着けてその上から白い白衣を着けておるではありません」

「私はまた私の属する人民党も暴力革命を絶対に否定致します。明言します。結党以来九カ年間、私も私の属する人民党も暴力によって政府を転覆しようとしたり、または暴力によって市民生活、県民生活を破壊しようとすることは否定しております」

市長の答弁に、仲井真は「わかったようであまりわかりませんが……」と前置きしつつ、「人民党が共産党でない、(中略)それを信じるわけにはいかない」と述べて質問を終えている。

瀬長と長嶺は同じ一九〇七年生まれ、仲井真は一つ下の〇八年生まれだ。瀬長と仲井真は二人とも旧制二中(現在の那覇高校)出身で、同じ県立中学の先輩後輩の関係にあった。ただし瀬長は途中で不祥事を起こし、東京の中学に転校したことは既述のとおりだ。

瀬長は二十四歳のとき日本共産党に入党し、このときすでにれっきとした共産党員だった。だが当時はその事実をひた隠しに隠しつづけた。

沖縄が本土復帰した一九七二年、沖縄人民党は翌年十月、そのまま日本共産党に〝合流〟し、同党の沖縄県委員会となった。瀬長が自らの党員の立場を明らかにするのはそれ以降のことだ。

本土の日本共産党は一九五〇年、朝鮮戦争が始まると、ソ連や中国から日本国内でのかく乱工作の要請を受け、暴力革命を肯定する「五十一年綱領」を採択。五一年末からその実行に着手した。

東京と札幌で二人の警察官を計画的に殺害したほか、党をあげて火炎瓶闘争を奨励し、警察署や税務署、米軍施設に投げ入れた。当時、朝日新聞ですら、日本共産党を「テロ集団」と記事にした時代だ。沖縄における瀬長市長の誕生は、そうした暴力革命時代から五年ほどすぎた時期に起きている。

いずれにせよ、米軍占領下の沖縄で起きた共産市長のハプニング当選は、那覇市に混乱をもたらした。瀬長と長嶺は、同じ年に生まれ、戦後まもない同じ時期に田井等市で働いた。長嶺が空手流派を立ち上げた同じ月には、瀬長は人民党を立ち上げている。因縁のもとに生まれた二人は、この年の市議会で直接ぶつかった。

市長と副議長の直接対決

五日後の二月七日、再び本会議が開催された。共産主義者であることを否定し続ける瀬長に、長嶺は正面から同じ質問を繰り返すことは避け、少し迂回したアプローチを試みている。

「人民党は共産党でもない、社会党でもない、また反米でも親米でもない」旨を瀬長が主張したことに、次のように批判した。

「瀬長氏は人民党書記長になって現在まで灰燼の中から立ち上がったこの沖縄の復興に対し、米当局の政策に対して一回でも協調したことがない」

「占領統治に反対するということは基地にも反対であるということ」

さらに次のように主張した。

「良心的に言えば市長に出られないはずであります。しかし市長に出たということはアメリカの援助を受けなくても自分でやっていけるということを証明するものであると思いますが、私の見解に対する市長の御見解をお伺い致します」

これらの質問に、瀬長は真っ向から反論した。

「二十番議員（筆者注：長嶺のこと）のご質疑にお答え申し上げます」「沖縄人民党も私もアメリカの占領統治に真っ向から反対し続けて戦ってきた。今後もアメリカの占領支配、占領統治に真っ向から反対して戦うであろうことをここに再び宣言を致します」

最後にこう言い切った。

「瀬長が退陣すればまた選挙がある。選挙があったらまた私は立ちます（拍手笑声）。仕方がない。そうなると、選挙のシーソーゲームになり、選挙の競争によってますます迷惑するのは市民である。この市民はいっぺん意思表示したからお前やってみろと言っております。やってみます。まだやっていないのだから一つやらせてみたほうが市民のためではないかというふうに考えるのであります」

場内に拍手と笑い声が起きたと議事録には記載されている。「そうだそうだ」と叫ぶ者もいたようだ。情勢は、明らかに瀬長に味方していた。

次の質問者も、瀬長が共産主義者であるとの報道を受け、繰り返して答弁を求めている。瀬長は答えた。

「私がまた人民党は共産党でないということは既に発表しておりますし、沖縄人民党は沖縄の特殊事情から生まれた最後の目標を日本復帰に掲げている政党でありまして、日本復帰と同時に解党をして今の党員はその思う通りの政党に入るでありましょう。共産主義社会の建設の終局の目標としてその思想精神をマルクスレーニズムに置いている共産党やまた日本共産党とも結びつきもなければ、社会主義制度をその一国に打ち立てようとする終局の目標を社会主義社会の建設に置いている日本社会党とも何らの結びつきはありません」

歴史的にみれば、その場しのぎの虚偽答弁にすぎなかった。人民党の中にはすでに共産党組織がつくられており、沖縄人民党の党員の多くが実際は日本共産党との二重党員だったからだ。この事実は、瀬長のもとで書記局責任者として活躍した国場幸太郎《こくばこうたろう》（一九二七－二〇〇八）が、後年自ら明らかにしている。

いずれにせよ、瀬長は那覇市長の立場にありながら、公然と「反米」の旗を掲げた市長として振る舞い続けた。当面の間、那覇市政の停滞が続いたのは必然といえた。

この日の午後、長嶺は那覇市の都市計画事業について、「市長のいわゆる政治力によってこれを促進する以外に途はない」と主張し、二十七人の議員が署名した要望決議案を提示した。

那覇市は米軍による空襲によってすべてが廃墟と化し、戦後ゼロから出発した自治体である。

当時の市政の最大課題は、都市計画事業を策定し、それを推進することに尽きていた。長嶺自身が那覇市議会議員を務めた時期、首里城を擁する首里市、さらに小禄《おろく》村が新たに那覇市に編入され、その後、真和志村も加わり「大那覇市」へと発展していく。人口三十万余を擁する中核市（政令指定都市に次ぐ規模）として形づくられていくが、市議会副議長の長嶺は、その都市計画事業の重責の一端を担うべき立場にあった。

二十分間の休憩をへて同日午後四時ころ、本会議が再開される。長嶺は「起草案ができましたのでいちおう読み上げます」と宣言し、決議文を朗読した。

決議文

このつどの資金凍結は瀬長市長の反米的行動によって発生した政治的現象である。したがってこの現象は、瀬長市長の反米的行動がなかったら発生しなかったと思われる。結論として資金凍結をさせて那覇市十一万市民待望の都市計画事業、その他の建設事業をストップさせて市民に不利益を与えて市民を苦しめている真の責任者は瀬長市長である。よって市長はきたる三月の定例議会の開催予定日までに資金凍結を解除して都市計画事業、水道事業、区画整理事業を速やかに再開始してもらいたいことを要望する。

一九五七年二月七日　那覇市議会

その後、質疑応答と討論に移った。ここでも長嶺は「さっき瀬長市長は人民党は沖縄の占領統治に反対して闘うと言われた。それだけで反米であります」と追及した。

一方、瀬長派の議員らは、「発議なさったのは四名かそこらの議員の方々です」と切り返し、議会の総意で提出されたものではない旨を主張した。

採決されると、当然のことながら要望決議案は賛成多数で可決された。瀬長は、決議文の前半が「事実に反することに基づいて言葉遣いがなされております」と指摘しながら、資金凍結の解除に向けて努力する旨を言明せざるをえなかった。

三月の定例議会は四月に開催された。その後、瀬長市長と連絡を取り合っていた市議の中には、旧二日会の仲井真元楷と比嘉佑直《ひがゆうちょく》がいることが報じられていたが、その動きもぱたりと止まったとされる。「二日会」は前市長の当間派だった泉正重議長と対立し、議長職を争った側を支持した反主流派グループで、当時八人いた。当初はこのグループが市議会を動かしたとされたが、その中に仲井真と比嘉が入っていた。

次の定例議会は六月に開催される。行き詰まった市政の状況にさしたる変化はなく、六月十五日の議会において、長嶺と瀬長による二度目の〝直接対決〟が展開された。長嶺が口火を切る。

「瀬長さんが市長になってから半年も過ぎておりますが、復興事業区画整理事業が事実中止になっております。私はその中止の責任が誰にあるかは聞きませんが、中止になっている事実を市長は認めますか、認めませんか。お聞き致します」

瀬長が答えた。

「中止になっている事実はこれは何人も認めると思います。私も認めます。（中略）実に那覇市民に対する挑戦であるとさえ思っております」

堂々めぐりの議論が続いた。一日おいた六月十七日、再び定例議会が開催される。ここにおいて、半年間にわたる市政の混乱と停滞を受け、市長の不信任決議案が提出された。

不信任の緊急動議を提出したのは、瀬長の旧制中学の後輩である仲井真元楷だった。仲井真は次の文章を読み上げた。

「瀬長亀次郎氏が市長に就任してから六カ月間、いわゆる資金は凍結されて都市計画事業は中止されている。今期議会の予算に、民政府補助金と起債が歳入として組まれているが、この見通しは断たれた。これは財政計画として大きな見込み違いである。市政は予算によって裏付けられ現実に市民の福祉を招来するものでなければならないし、民主主義の根幹もこれである。市民生活の根本問題として、都市復興事業に支障を来たすことは市政担当の最高責任者として不適当だといえる。よって瀬長市長を不信任し、連署して不信任案を上程致します。

一九五七年六月十七日　仲井真元楷・比嘉佑直・長嶺将真……」

連名した議員は全部で二十四人にのぼった。定数三十の市議のうち、実に八割の議員が不信任案提出に賛成した計算になる。議場は騒然となった。市長不信任案はこの二十四人の賛成多数により可決された。

翌日、瀬長は自らの辞任の道を選ぶことなく、市議会解散へと打って出た。市長の瀬長を信任するかどうか、市議会議員選挙の形で全市民に問いかける機会となった。長嶺にとっては四回目となる選挙の火ぶたが切って落とされることになる。市議会選挙の投票日は八月四日に決まった。

完敗した反共闘士たち

この五七年八月の那覇市議会選挙は、一地方選ながら、全国的な注目を集めた。党派をあげた市長派と反市長派の熾烈な争いが展開されたからだ。

瀬長市長派は、これ以上不信任案を可決できなくするために必要となる三分の一以上の議席、つまり十一議席以上を目標に掲げた。瀬長市長率いる沖縄人民党の議員はこのときわずか三人。人民党に同調した党派は、このときの不信任決議が民主主義にもとると考えた社会大衆党(沖縄独自の地域政党・社大党)だけだった。

一方の保守陣営は泉議長を中心に、不信任派の二十四人が一体となって戦う形をとった。選挙対策本部の「那覇再建同盟」を結成。七月三日には那覇劇場で七百人が集まる結成大会を開いた。長嶺将真、仲井真元楷、比嘉佑直の空手家三人はこちらの側に入っていた。

結成大会では、仲井真が「瀬長市長不信任までの経緯」と題して登壇。市議会議長の泉が

「瀬長市政の盲点を衝く」、後年那覇市長や沖縄県知事を歴任することになる西銘順治《にしめじゅんじ》（一九二一－二〇〇一）が「人民党政策の誤謬を衝く」と題して話をした。長嶺もこの団体の中央委員に名を連ねていたが、「沖縄タイムス」（七月四日付）などの新聞記事からは、長嶺が実際に登壇した記録は見当たらない。

一方、瀬長側は七月五日から一週間かけて、那覇、首里、小禄などの市内十九カ所で、市政報告の形をとって連日のように市民集会を開催した。こちらは行政主導の集まりという側面が強かった。

まだ公示もされていない投票日の一カ月前から、早くも〝前哨戦〟の火ぶたが切って落とされていた。当時の選挙は金がかかるといわれたのはこうした期間の長さにも原因があったようだ。定数三十議席に対し、七月十日ごろまでに四十人を超える候補者の顔ぶれがそろった。保守陣営の予定候補者だけでも約二十五人にのぼった。

瀬長はこのタイミングで大胆にも過半数確保の目標を打ち出した。両陣営の戦いはエスカレートするばかりだった。「沖縄タイムス」では「立候補届出を前に、すでに両派の小競り合いは、各演説会場で演じられている」（七月十四日付）と、むしろ沈静化させる目的で「市民の自覚を促す」と題する社説が掲載されるほどだった。

旧当間派の「那覇再建同盟」では、瀬長を批判するための言葉が感情的で逆に有権者の心が離れているといった自派陣営内の懸念も指摘されていた。「同盟」側は候補者調整がうまくいかず、当初二十四人程度に抑えるはずだった候補者が、最終的に三十人近くに膨れ上がった。長嶺落選の要因は、実はこのときにつくられたといえる。保守陣営の票が分散する結果となったからだ。さらに瀬長側の運動が市民の共感を得たのと対照的に、保守側の訴えは広がらなかった。

本格的な選挙戦は七月十六日の立候補届出から始まった。

市役所には朝から候補者申請の列が連なった。反瀬長派二十七人、瀬長派十三人と「琉球新報」（七月十七日夕刊）は報じている。同紙に数回掲載された「那覇市議へ立候補の弁　これだけは公約する」という欄に掲載された長嶺に関する紹介文を見てみよう。

「①瀬長市長のある限り、那覇市の発展はのぞめないことは、過去六カ月の那覇市の動きを見ればわかることで、瀬長打倒が信条である。②デマに満ちた瀬長市政を葬り、現在停止している都計事業の推進をはかることが、那覇市の当面の急務である。このほか水源の確保、那覇市財政の確立、市役所の綱紀粛正、働く婦人のための託児所の設置など真に市民の幸福をもたらし、利益となる政策を実現したい。③不信任案にはもちろん賛成である」（「琉球新報」七月十八日）

翌日付の沖縄タイムス「立候補者はこう訴える」の欄でも長嶺はこう語っている。

「①信任しない②六カ月間の瀬長市政では那覇市の都計は全くできない。瀬長市長が一日でも長くおれば、それだけ十一万市民の福祉が阻害されることになる③二十四人の前議員は、市民の代表として、市長を不信任した。これが真であることを市民に訴える意味で立候補する」（「沖縄タイムス」七月十九日付夕刊）

瀬長市政に真っ向から挑戦状を叩きつけた形だった。振り返ると、この「同盟」の活動において、長嶺が演説会等で登壇した様子はまったくといっていいほど残されていない。いわば〝守勢〟に回った戦いではなかったかとの疑念が残る。

理由として、長嶺が市議会副議長という議会の要職にあったこと。さらに四回目の選挙で心にゆるみが生じていた可能性もある。また共産主義者とみなされる瀬長と目に見える形で真っ向から戦う姿はみっともないというメンツもあったかもしれない。結果的に、紙面からはなりふり構わない候補者特有の真剣さといったものはほとんど伝わってこない。

一方、瀬長側は「那覇再建同盟」が出した公開質問状に対する回答を新聞紙上に数回に分けて発表するなど、入念な行動が目につく。一言でいえば、戦い上手といった印象だ。「沖縄タイムス」は、「那覇市議選の舞台裏」という連載記事で、選挙後に次のように総括した。

「民連（筆者注：瀬長市長派）の場合は演壇の前まで聴衆が詰めていたが同盟の場合はほとんど遠まきだった。（中略）同盟側の演説は物を教えるように味のないものという評だったね。それに反し民連はふところにとび込んでいくというふうで、当たったようだね。つまり老かいで大衆の心理をうまくつかんでいる心理戦術でも一枚上手だ」（八月十日付）

「民連側は市民集会が非常な力を発揮した。（中略）大衆の反ぱつ、不満というものを、瀬長の演説でいやしているという感じだった。（中略）民連側は訴え方がずっと大衆的だった。そういう大衆心理をつかむ感覚のひらきが大きく響いたはずだ」（八月十三日付）

選挙戦の終盤の山場は七月二十七日、ハーバービュー広場で開催された両陣営の立会演説会で訪れた。夜八時から行われた演説会にはヤジと怒号が飛び交う中、十万人の聴衆で会場が埋まったと伝えている（「琉球新報」七月二十八日付）。瀬長側は十三人全員の当選確実を豪語し、反市長側である同盟は「二十二人は当選確実」と議長の泉が胸を張った。「沖縄タイムス」はこの時点の同盟側の状況を次のように伝えている。

「再建同盟では二十八名の推薦候補を推したてて〝打倒セナガ！〟に全力を傾けているが、二十五名程度に推薦者をおさえる積りだった当初の計画が、調整ならず地域によっては乱立気味。最初は、地盤の協定などと紳士的にやってゆけたのもかつてない激戦とあってナカナカ守れない風情である。二十六日ひる三時すぎから最後の連絡会をもった同盟推薦の面々、会議の始まる前の一刻は情報の交換や雑談に花を咲かせていたが、『オイ君は協定違反じゃないか、あの区域には手をつけない約束だったが、これでは約束がちがう』とA氏が口をとがらせれば、B氏は『イヤ僕の方こそ大変だ。何しろCGには相当荒らされつつあってどうなることかと思っているところなんだ…』としばしケンケンガクガク」（七月二十八日付夕刊）

なんともお粗末な状況を呈していた。

このころの投票時間は、朝七時から午後六時まで。市内に十七カ所の投票所が設けられ、長

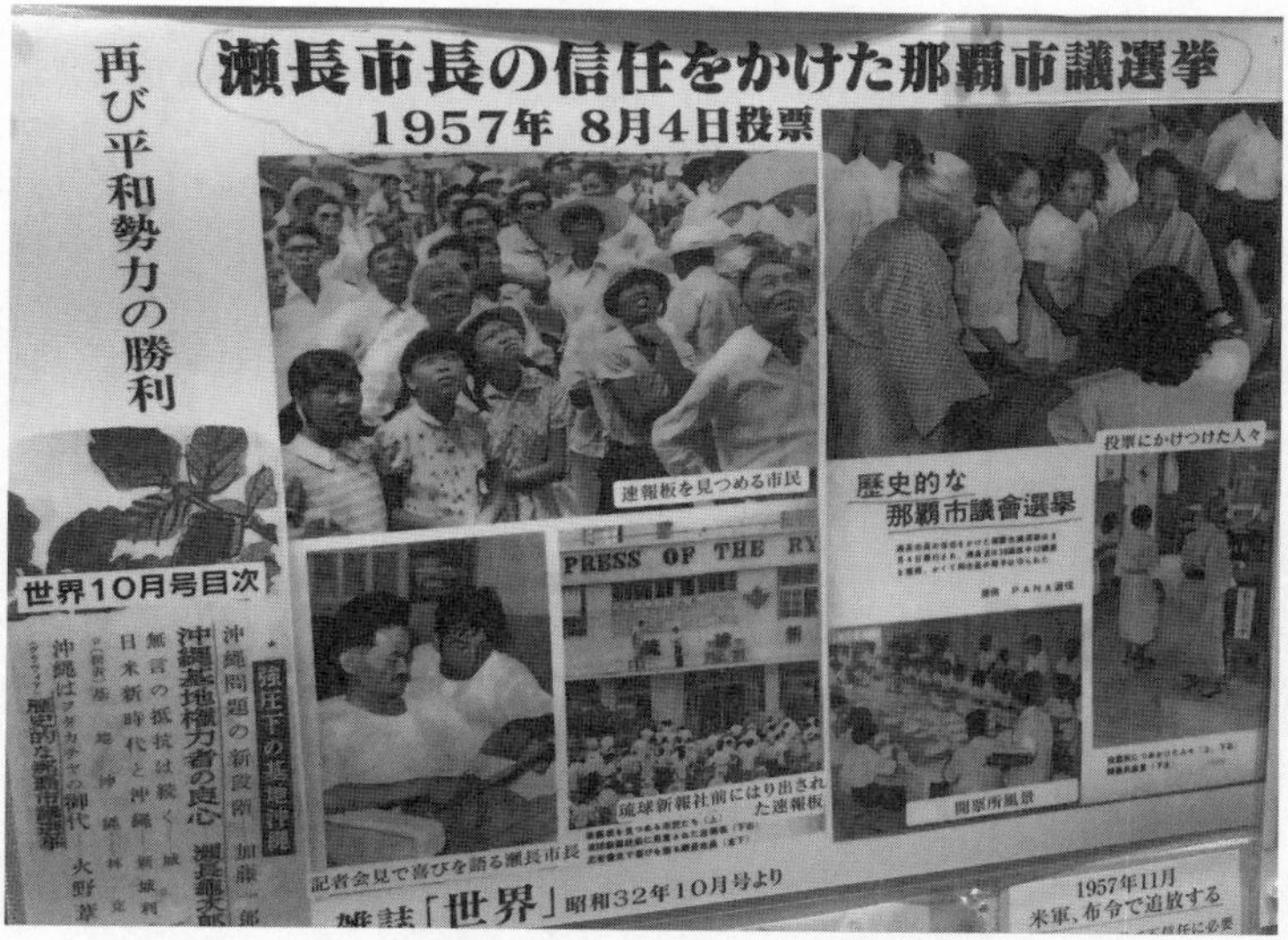

瀬長市長側が勝利した那覇市議選の様子を伝える「不屈館」の展示（2018年２月）

嶺は地元の久茂地小学校で一票を投じた。

　投票当日は午前九時ごろから雨が降り出し、投票率が心配されたものの、午後一時ごろにいったん降りやんで、このころ多くの有権者が投票所に駆けつけた。すぐにまた二時ごろから降り出し、夕方になってあきらめた有権者が雨具姿で投票所に足を運んだ。結果として、投票率は七二パーセントにのぼった。

　開票は翌日（八月五日）朝から行われた。「琉球新報」（五日夕刊）に推定概算の得票数なるものが掲載されているが、この時点における長嶺票の〝推定概算〟は千百票で、「当確」の印が付されていた。副議長という立場が〝安泰説〟を生んでいたものと見受けられる。

　このとき反瀬長派の候補者は十一人に

「当確」が付けられていた。皮肉なことにその中で涙を飲む結果となったのは、結果的に長嶺一人となった。定数三十に対し四十六人が争った選挙で、当選者の最後の二人くらいまでは接戦が続き、最終議席である三十位のところで、長嶺ともう一人の候補者が激しく競う展開となった。

結局のところ無効票をまじえた直接判定に持ち込まれた。時刻は夜中の零時を回り、六日の明け方近くになっていた。「沖縄タイムス」（八月六日付夕刊）によれば長嶺には「ソシン」との み書かれた票が十三票あったというが、このときに限って同音の新人候補者がいたことで、それらのすべてが無効票に変わってしまった。長嶺に運がなかったともいえる。

運命のいたずらといえばそれまでだが、従来なら「ソシン」票は長嶺のものとしてカウントされてきたが、同音の新人候補者は三十一歳で当選した沖縄人民党候補（瀬長派）だったというから皮肉なことだった。

結局、長嶺は次々点の三十二位で落選の憂き目を見る。最終当選者の三十位との差はわずか八票にすぎなかった。最終確定票による二十九位から三十二位までの順位は次のようなものだった。

二十九位　当　比嘉　佑直　八〇一
三十　位　当　喜久山朝重　七九〇

三十一位　落　上原　義広　七八七
三十二位　落　長嶺　将真　七八二

長嶺の那覇商業学校時代の後輩であった比嘉佑直は、ぎりぎりのところで再選を果たす。長嶺本人は四度目の選挙で初めて敗北を喫した。結果的に、瀬長派は十三人中十二人が当選を果たし、当初の目的どおり、市長不信任案を阻止できる数の議席を確保した。瀬長派の明確な勝利といえた。

一方、保守陣営は二十四人から十七人へと議席を激減させ、完敗の結果となった（他、中立系一人が当選）。反瀬長の急先鋒となって活動していた仲井真元楷も、長嶺と同じく、三十六位で落選の憂き目を見ている。

この選挙結果から、瀬長を合法的に解職することはもはや不可能となった。そのため米軍は十一月、一片の布告をもって瀬長の首を切る強行手段に打って出る。

空手家であった長嶺は、政治の戦いにおいては、一時的なものとはいえ、宿敵ともいえる共産主義者に敗れる結末となった。もしこのとき長嶺が当選していたら、本人の人生はかなり異なるものになっていたと思われる。強制的に政治の世界から足を洗う機会が生まれたことで、結果として、空手に専念できる後半生へとつながっていったように見えるからだ。

二度の経営失敗

議員バッジを失った後の長嶺の行動は、そのことをまるで予見していたかのように素早いものだった。

わずか八票差の落選が判明した翌月、「沖縄タイムス」紙上に、沖縄空手道連盟の会長であった知花朝信《ちばなちょうしん》との対談記事を二回に分けて掲載した。

空手の歴史をはじめとする本格的な内容となっており、長嶺が政治家への未練を捨て、空手に尽力しようとした意欲の表れとも受け取れる。

当時、長嶺は沖縄汽船という会社の「常務」の肩書で何度か新聞記事に登場していた。議員を辞めてからは、実業のほうに力を入れる決意をしたと見える。それまでの三足の草鞋から〝議員〟が抜け落ち、〝空手〟と〝実業〟の二足の草鞋にスリム化したわけだ。

その証拠として、選挙で敗れた翌々年の一九五九年に「沖縄冷凍乳業株式会社」という新会社を自ら立ち上げ、社長に就任して事業を開始した。当時の会社登記簿の目的欄には、「アイスクリーム、アイスステック、乳製品の製造販売業」とある。

もともと商業学校を卒業した長嶺は、警察でも刑事警察ではなく、経済警察に関心を示し続けた。学校で学んだ知識を実社会で試そうとしたと思われる。

那覇商業学校の校訓は「士魂商才」。「士魂商才」とは「武士の精神と商人としての抜け目ない才能とを併せもっていること」(『新明解四字熟語辞典』三省堂)、「商売じょうずでありながら、武士の伝統や気構えを持っていること。実業家や商人の心がまえや理想としていわれたことば」(『四字熟語辞典』学研)とされ、日本近代化の父・渋沢栄一《しぶさわえいいち》(一八四〇－一九三一)がモットーとした言葉とされる。まさに空手道に生きる長嶺にもぴったりの言葉だった。

話を戻すと、沖縄冷凍乳業は上之屋《うえのや》という泊に隣接した国道五十八号線沿いの土地に工場が建てられた。この土地は父・将保《しょうほう》が所有していたもので、登記簿によればこの年の初め、将保から将真に贈与された。現在この場所は、ガソリンスタンドと創価学会の駐車場となっている。

当時、長嶺が設立した沖縄冷凍乳業で働いた道場生がいた。高校生のとき長嶺道場に入門し、卒業と同時にこの会社に就職した城間清栄《しろませいえい》(一九四一－)である。城間は次のように回想する。

「高校を卒業したら仕事がないものだから、僕から(長嶺)先生にお願いして働かせてもらうことになりました。五年くらい勤めました。私が一番下でしたから、言われるままにカップに入れる白いアイスクリームをつくる作業を行っていました。普通の大きさの工場で、従業員は四十人くらいいました。アイスクリームをつくる会社ですが、脂肪を抜いたものを喫茶店に、脂肪を取っていないものを一般に販売していました。夏はよく売れて品物が足りないくらいでした。冬場はアイスクリームは売れませんから、こんにゃくとか餅の製造販売をしていました。勤務時間は朝から夕方五時くらいまでの通常の時間帯でした」

暑い沖縄では夏場のアイスクリーム製造販売業は十分な売り上げがあったようだ。問題は冬場だった。ほかにも似たような競合会社がいくつかあって、どう差別化を図るかが勝負の分かれ目となった。

ここで長嶺の性格的な問題が作用した。頼まれたら嫌といえないお人好しの長嶺は、普通の人間関係においてはその性格はプラスに作用しても、シビアな経営の世界では裏目に出ることがあった。あるとき保証人の依頼を承諾して後で悔やむことになった長嶺は、冷徹な商売人には向かなかったと思われる。『空手道』では短く次のように記している。

「その後事業経営に二度失敗したりして、二、三年の間、失意の生活に低迷していたが、空手だけは続ける事が出来た」

結論として、沖縄冷凍乳業は六三年に社名をオキレイに変更し、その翌年、同業他社（ゲンキ製菓）に買収される結果となった。買収後の様子を城間はこう語る。

「先生の会社は倒産したのではなく、森永の前身の会社に買収されたと記憶しています。給料は遅れたことはあったけど、もらえないということはなかったです。その後、自分のほうから辞めたと記憶しています」

長嶺はこの会社が操業中の一九六三年、もう一つ別の会社も興した。社名を「泊港湾荷役株式会社」といった。事務所は泊港の北岸に面していた。目的欄には「一般港湾運送事業、船内荷役事業、はしけ運送事業、沿岸荷役事業」とある。

登記簿役員欄を見ると、空手の関係者が二人登場する。一人は長嶺道場の師範代であった仲《なか》村正義《むらせいぎ》。もう一人は比嘉佑直道場の内弟子で、実業家でもあった宜保俊夫《ぎぼとしお》である。長嶺が那覇署勤務の刑事時代、取り調べを行ったとされる人物だ。当時、仲村が三十七歳、宜保が三十九歳だった。

奇しくも長嶺道場と比嘉道場の両師範代が、この会社の役員に名を連ねていた。ただし、勤務実態がどのようなものであったかはほとんどの関係者が鬼籍に入ったいまは定かでない。いえることは、泊港湾荷役という会社が電話帳に記載されていた時期はわずか三年ほどの短い期間だったという事実だ。一九六七年に記載そのものが消えてしまっている。要するにこの会社の実質的な寿命がそのくらいの期間であったことを物語る。

長嶺が『空手道』に記した「二度の経営失敗」とは、具体的にはこの二つの事業の失敗を指している。一方で、「空手だけは続けることができた」との感謝の思いを綴っていた。

長嶺空手道場の師範代として終生をすごした仲村正義　提供：城間清栄

事業が傾き始めた一九六一年、長嶺は沖縄空手道連盟の第三代会長に就任する。以来、異例ともいえる四期八年、会長職を続けることになった。だがその間、経営の足元は〝火の車〟の連続といえた。

長嶺が空手組織の会長を務めた当時の集合写真において、心なしか表情に余裕が感じられないものが多いのは、実際は事業上の苦労が影響していたからと考えられる。

八年間の会長生活

長嶺が沖縄空手道連盟の第三代会長に就任したのは一九六一年四月。この組織は既述のとおり、一九五六年に知花朝信を中心に立ち上げた組織で、当初長嶺は比嘉世幸《ひがせこう》とともに副会長として支え続けた。このころ長嶺は那覇市議会のナンバー2である副議長の立場にあった。組織立ち上げのための事前の話し合いは長嶺道場を使って行われ、文字どおり、屋台骨を支えたのが長嶺だったといえる。二代目会長は剛柔流の重鎮・比嘉世幸が務めた。さらに三代目となったのが長嶺である。当間重剛の『回想録』（一九六九年）には「空手」の項目に以下の記述がある。やや長くなるがそのまま引用する。

空手の本場は、沖縄から本土へ、舞台を移さなければならないんじゃないか――戦後ひところは、その凋落《ちょうらく》ぶりを憂える声も聞かれたものだが、最近は、暮らしが落ち着いてきた故もあって、本場としての風格をとりもどしたようである。長嶺将真君は、そのことについて「那覇の人口二十八万に対し、道場が二十軒も開設されているが、大阪は、本土でも、もっとも空手の盛んな地区だが、人口三百万に対し、道場は五十軒から六十軒程度なので、人口割からいっても、やはり沖縄の空手ですよ」と語っている。

さらに次のように書き残す。

戦後ひところは、鉄の暴風で、空手も吹きとばされたのかと、たしかに凋落もまぬかれない状態にあったわけだが、一九五七年（筆者注：一九五六年の誤記）、沖縄空手道連盟が生れ、最長老の知花朝信氏を初代会長にして空手人が糾合され、空手復興のノロシがかかげられたものである。そして沖縄体育協会に加盟、二代目会長に比嘉世幸氏が就任、ついで現三代目会長の長嶺将真氏のときに、全沖縄空手道連盟と看板を新しく塗りかえ、全島四十の道場のうち三十一が連盟に加盟するという盛況ぶりである。

長嶺の第三代会長就任から数カ月すぎたころ、「琉球新報」に「会長さん」という企画記事が掲載された。見出しに「空手会館の建設を」の文字がある。この記事によると、新会長就任一年目にして、称号と段級制定に踏み切ったという。それまでは段や級の制定は流派別の専管事項として個別に行われていたが、組織として統一する新たな試みだった。「流派を越えた空手の結びつき」を考慮した方法だったともいえる。その上で「空手会館の建設」を訴えていた。「沖縄も毎年観光客が増えるばかりだが、それには琉舞と空手はつきもの。会館があればいつ観光客から空手の演武を頼まれても喜んで会館に招待して披露できる」（「琉球新報」一九六二

年一月十一日付）

長嶺の望んだ空手会館の構想が現実のものとなるのは、それから半世紀以上すぎた二〇一七年のことだ。沖縄空手会館（豊見城市）の竣工によって、それらは現実のものとなった。後述するが、それまでの間、観光客に対する空手演武の披露は、主に長嶺道場を使って行われた。この記事で取り上げられたとき、長嶺は会長一年目。記事には、「物腰の柔かい五十六歳の会長さん」「軟らかいはださわりのするおじさん」などの記述が見られる。

会長時代の新聞掲載としては、六五年十二月に「空手道の将来　試合中心主義への批判」を「沖縄タイムス」に寄稿している。冒頭次のように記している。

「第二次世界戦争の決戦場となった沖縄ではすべてが烏有《うゆう》に帰しましたが、その灰燼の中から、私たちの空手が、どのようにして育成され、また将来の方向性はどうあるべきか、私は斯道に関係していますので、意見を述べてみます」（「沖縄タイムス」一九六五年十二月二日付）

その上で本土では十分な数の中堅指導者がいなかったためインスタント的な指導者が多く生まれ、派手な自由組手で門弟の関心をつなぎとめるしかなかったこと、組手競技において本来の空手の持ち味である「裏拳」や「肘《ひじ》打ち」が除外されていることは容認し難いこと、さらに競技者自身が試合が終わっても勝ち負けに対する実感を持てないルールであることが、他の柔剣道やボクシング、レスリングの試合と比べて異なる点であることなどを指摘している。

加えて「形中《ママ》心の鍛練を第一義としてい」ることを、本土の空手との相違点として主張していた。戦前から東京で船越義珍《ふなこしぎちん》や本部朝基《もとぶちょうき》の姿を見てきた長嶺からすると、それらは当然の見解だったと思われる。

六六年には「空手道の沿革について」と題する空手の歴史に関する記事を「琉球新報」に掲載した。ここで長嶺は自ら行ってきた首里手の空手に関し、「首里手(ショウリン流)の形は無理のない自然の動作からはいり一定の形に移って終局には宇宙の真理を悟る修行である」と述べ、沖縄空手の歴史について次のように結論づけた。

「簡単にいうと、空手は古来琉球にあった『手』という闘争法の術に各国との文化の交流によって得られた他国の武術が導入され、在来の『手』に吸収改化されて沖縄独特の武術になり、現在の空手道になった――というのが正しい見方ではないかと思う」(「琉球新報」一九六六年十二月十九日付)

話を戻せば、長嶺の会長就任には、組織内から当初さざ波も立っていた。

このころの沖縄空手界は、松林流、小林流、剛柔流、上地流の四大流派の組織となっていたが、沖縄空手道連盟の初代会長に知花朝信を輩出した沖縄小林流空手道協会が六三年一月、連盟から脱退したからだ。背景には会長を続けたかった知花朝信と、それをけしかけた人物の存在が取りざたされる。当時、小林流空手道協会の副会長を務めていたのは知花の戦後の弟子となっていた比嘉佑直で、この騒動により、比嘉の率いる究道館《きゅうどうかん》も、連盟から脱退する運びとなった。

四年後の一九六七年、全沖縄空手道連盟に改組して新組織へ移行した際、いったん離脱した小林流から、比嘉門下だけが再合流する。長嶺を会長に、副会長に八木明徳《やぎめいとく》、上地完英《うえちかんえい》、島《しま》袋《ぶくろ》善良《ぜんりょう》の三人が就任、理事長に比嘉佑直が就いた。

長嶺は沖縄空手道連盟で六年、つづく全沖縄空手道連盟で二年、計八年の会長任期を連続して務めた。

このころ長男の高兆《たかよし》は高校入学前に初段の腕前となった。いったんは父親と同じ那覇商業高校に入学したものの、理由があって退学する。結局二浪する形で、新設されたばかりの小禄《おろく》高校の一期生として入学した。七歳になる前から、警察を退職した父・将真が直々に手ほどきした空手を、高兆は順調に吸収したようだった。すでに浪人生時代から、多くの武勇伝をつくっている。新生高校では自ら空手クラブを立ち上げた。

一九六四年、東京でオリンピックが行われた年、大山倍達《おおやまますたつ》が極真会館を立ち上げる。さらに全日本空手道連盟が結成され、初代会長に、沖縄県石垣島出身の大濱信泉《おおはまのぶもと》（一八九一―一九七六）早稲田大学総長が就任した。

このころアメリカとベトナムの戦争が活発化、沖縄は戦地に向かう米兵らの出発拠点として騒然としていた。

長男の高兆が米国に向けて旅立ったのはそんな最中の一九六七年十一月のことである。高校卒業後、高兆はいったんは国士館大学に入学したものの、活発化する学生運動に巻き込まれるのを懸念した将真の意向もあり、沖縄に戻った。米軍基地で勤務した時期もあったが、松林流の海外道場の拡大の目的もあり、雄飛する立場に回った。

このころ、長嶺将真の制作した『空手道讃歌』（西条文喜作詩／大沢浄二作・編曲）という歌が城卓矢《じょうたくや》の歌声でリリースされた。歌詞は次のようなものだった。

1
ああ燦然《さんぜん》と陽《ひ》の光
見よ群青《ぐんじょう》の海の色
明《さや》けき嶋《しま》の闘魂が
正義が生みし無手《むて》の拳《けん》
心を鍛う身を鍛う
ああ沖縄の空手道

2
ああ我れ襲う敵あらば
守禮《しゅれい》の邦《くに》に神技《しんぎ》あり
鉄の拳《こぶし》は敢然と
肉を斬らせて骨を搏《う》つ

心を護る身を護る
ああ沖縄の空手道

3

ああ天孫氏《てんそんし》古代より
平和の鐘は鳴り伝う
攻めるにあらず防ぐ技
五體《ごたい》が武器ぞこの空手
心を正す身を正す
ああ沖縄の空手道

この歌詞は沖縄空手の心情そのものと強調するのは、現在、沖縄県空手道連盟で副会長を務める上地流の新城清秀《しんじょうきよひで》（一九五一－）だ。

「長嶺先生がかかわったこの歌詞に、沖縄の空手に対する思いがすべてこめられます。長嶺先生は私を見ると、『嘉手納の新城』と声をかけてくれました。嘉手納にいた時代を思い出し、『○○さんは元気か』などとよく聞かれました」

このレコードは一九六八年夏に自主制作盤として製造プレスされ、主に沖縄県内で販売されたという。最後の「ああ　沖縄の空手道」がさびとなる部分で、「沖縄の」と強調するところに、本土の空手と異なる長嶺の思い入れがこめられていた。

レコードのジャケットには「沖縄空手道連盟推薦」の文字が見えるが、実際にレコードが発売されたときには組織名はすでに「全沖縄空手道連盟」へ移行していた。この経緯から、レコード制作が三、四年越しの計画であったことがうかがえる。

本土ではその翌年、全日本空手道連盟の会長が沖縄県出身の大濱信泉から、笹川良一《ささがわりょういち》（一八九九－一九九五）に交代する。

観光団収入で持ちこたえる

長嶺が事業上苦しい時期にあったころ、一つの光明が差し込む出来事が生まれた。沖縄観光を取り扱う旅行会社から、観光コースの中に空手演武を組み入れる話が持ち上がったからだ。

長嶺道場では、周辺に観光バス三台分を駐車する程度の空きスペースがあった。当時の沖縄の空手道場でそのような立地条件を持つ道場はほかになかったという。多いときには日に三回、道場内で演武会を開催し、観光客に見学してもらった。長嶺が直接黒帯クラスに声をかけ、仕事の都合をつけられる者で随時チームを編成し、基本稽古や約束組手、型演武、さらに瓦割りなどに役割分担して観光客に披露したという。

「先生は空手で旅行社と提携して、相当潤ったはずです。旅行社が観光団を連れてくるわけです。ドルの時代ですから一団体で僕らも五十セントくらいもらいました。五十セントだから大したことはないですよ。いまの千円もないですね。四人のうちのリーダーが一ドルくらい取ったんじゃないかな」（玉城剛《たまきたけし》の証言）

演武に参加した黒帯には一定の謝礼が支払われ、毎回演武に参加する者は、自分の仕事の給料よりそちらの額が上回る者も出てくるほどだった。

前出の城間清栄によると、自身が高校生のころから観光団用の演武会は開かれていたというから、時期的には一九六〇年ごろから開始されていたと考えられる。

母親が農業で稼いで家計が厳しかったという城間は、当時、演武に加わると終了後に刺身やビールなどおいしいものを食べさせてもらえるので母親にうらやましがられたと振り返る。

「団体演武と個人演武があるのですが、演武は五人くらいの単位で行い、私は個人演武と瓦《かわら》割りの担当でした。当時、試し割といっても先輩がコツを教えてくれるわけでもなく、自己流で行っていました。よく怪我もしました。割るときは瓦の真ん中ではなく、少し上くらいのところを叩けばうまく割れるのですが、先輩たちは見て覚えなさいという感じで、何度も失敗してようやくコツをつかみました」

そのうち観光バスの停車に近隣住民からクレームが出るようになり、料亭などに出張して演武するようになったという。道場の黒帯には琉球バスの役員もいて、仕事と空手が密接にからんでいた。

現在、世界松林流空手道連盟の副会長を務める新垣敏光《あらかきとしみつ》（一九四三－）も、演武会にたびたび参加していた古参の一人だ。新垣は那覇市教育委員会に勤務していた関係で、空手と仕事の両立をうまくこなせていた。あるとき料亭で出張演武を行った際、客が宴会に夢中で演武に関心を示そうとしなかったため、先輩から「ここは適当でいいよ」と諭されたこともあったという。

いずれにせよ、観光団に独占的に提供した空手演武の報酬により、長嶺は経済的な苦境を脱出したようだった。

「最後は空手で救われた」

師匠がしみじみと述懐するのを、新垣は印象深く聞いている。

この事業が正確にいつから始まりいつまで続いたかは明確でない。始まったのが一九六〇年ごろで、それから数年以上続いたことは確かだ。

第七章　念願の武芸書『沖縄の空手道』を発刊

世界に羽ばたいた松林流

首里手と泊手を折衷した流派である「松林流」が、初めて流派の看板を掲げたのは既述のとおり、戦後まもない一九四七（昭和二十二）年七月のことだった。長嶺の警察退職後の五三年十二月ごろ実質的にスタートしている。久茂地に百坪の道場を新築し、幅広く門下を取るようになったからだ。

長嶺の残した記録「空手の旅」によると、最初の海外指導員を派遣したのはそれから十年後の六三年九月。第一号となった海外指導員・宇江城安盛《うえしろあんせい》（一九三二－二〇〇二）をニューヨークへ送り、「沖縄松林流USA本部」の名称で出発した。以来、沖縄から次々と指導員を派遣した。六七年には長男の高兆《たかよし》をシンシナティ（オハイオ州）へ送った。六九年には大嶺朝徳《おおみねちょうとく》をサンフランシスコへ、平識善弘《へしきぜんこう》をニューヨークへ、赤嶺茂秀《あかみねしげひで》（一九四七－）をアルゼンチンへ送った。七〇年には大田栄八《おおたえいはち》（一九四五－）をロサンゼルスへ派遣した。

現在、松林流の海外支部の多くが、北米・南米に集中しているのは、この時代の開拓のたまものだ。

長嶺将真が自ら海外指導に赴いたのは、高兆を送り出して一年ほどすぎた六九年が最初となる。同年一月から三月半ばまで七十日近く、アメリカ・カナダ指導に費やすことになる。このとき長嶺の年齢は還暦を越えていた。振り返ると、長嶺は生涯において四度、海外指導を敢行した。時系列で示すと次のとおりだ（カッコ内は沖縄からの同行者）。

①一九六九年　米国、カナダ　七十日
②一九七六年　米国　五十三日（新里勝彦）
③一九七八年　米国、アルゼンチン、ウルグアイ　四十日（仲村正義、真喜志、真栄里、玉城）
④一九八三年　米国、アルゼンチン　四十日（真喜志康陽、平良慶孝）

長嶺がアメリカ大陸を踏みしめたとき、門下からすでに数名の指導員が派遣されていた。私の手元に一回目の海外指導で綴った長嶺の日記のコピーがある。それをもとに当時の足跡を再現してみたい。

最初の派遣員をニューヨークに派遣して五年がすぎていた。長嶺にとって海外支部の実態を自分の目で確認する意味合いがあったと思われる。そのため、一回目の指導の多くが、ニューヨーク道場で費やされている。このとき世話をしたのは、宇江城安盛と平識善弘の二人だった。

その後カナダのトロントに飛び、再びアメリカに戻って、最後にニューヨークからそう遠くないオハイオ州で指導の日々を過ごす。

一九六九年一月十日、午後六時二十分の便で長嶺が那覇空港を飛び立ったとき、見送ったのは比嘉佑直《ひがゆうちょく》、兼島信助《かねしましんすけ》（一八九七－一九九〇）、島袋善良《しまぶくろぜんりょう》、上地完英《うえちかんえい》などの当時の沖縄空手界の主要メンバーたちだった。この時期、「全沖縄空手道連盟」の初代会長を務め、まもなく二年の任期が終わろうとしていたころである。

戦後の沖縄空手界の組織は、一九五六年発足の「沖縄空手道連盟」を端緒に、組織改編後、名称を「全沖縄空手道連盟」（以下、「全沖縄」）に変更していた。長嶺は前身組織で三期六年の会長を務め、任期は連続で八年に及ぼうとしていた。

もともと前身組織も長嶺ら松林流の中から結成の声があがり、長嶺の盟友ともいえる比嘉佑直らと二人三脚で奔走し、立ち上げたものだった。改組された「全沖縄」で、長嶺を支える副会長に就任したのは八木明徳《やぎめいとく》、上地完英、島袋善良の三人で、比嘉佑直が理事長を務める体制だった。沖縄の空手団体の会長が海外渡航するのに、それを支える幹部たちが見送るという構図だった。ちなみに「全沖連」の発足当初、松林流からは理事に久志助恵《くしじょけい》、監事に島正雄《しままさお》の名が見える（「琉球新報」六七年二月二十七日付）。

長嶺が「全沖縄」の初代会長の任期を終えた六九年、本土では全日本空手道連盟の会長に笹川良一《ささがわりょういち》が就任する。笹川は一九五八年に全日本空手道連合会の会長となり、六九年に全空連が財団法人に認可されると第二代会長におさまった。長嶺は沖縄の独自路線を強調するため、六八年には『空手道讃歌』という独自のレコードを制作したことはすでに述べた。

長嶺の視野には、沖縄空手に関する自著の刊行計画とともに、それを英語版に翻訳する作業にも具体的に着手していた。六七年に二十八歳で松林流の門弟となった新里《しんざと》勝彦《かつひこ》（一九三九－）が大学で英文学を教えており、その新里に長嶺は早くから依頼を行っていたからだ。そんな矢先に一回目の海外指導は企画されている。特に沖縄在住の門下が付添人として同行したわけではない。派遣していた弟子たちが現地で世話を焼く形だった。

父子一体の行動

長嶺が残した大学ノートの表紙には、「思い出の世界空手行脚」という文字とともに、「第一回渡米、カナダの日誌」の脇書きが添えられている。

日記は六九年一月十日、那覇空港を出発する日から始まっている。このとき同行したのは平識と大嶺の二人だった。

初日はあらかじめ予約してあった東京の羽田東急ホテルに投宿。翌日、ノースウエスト機で米国へと向かった。長嶺にとって、「初めての海外飛行」（一月十一日）だった。三人は紋付羽織の和服に着替えて出発したというから、時代がかっている。

一月十一日の夕刻、定刻どおりにシアトル経由でニューヨークのジョン・F・ケネディ国際空港に到着する。第一号の海外指導員・宇江城安盛らが待ち構えていた。出迎えた中には二十三歳の高兆の姿もあった。一年余り前の秋に那覇空港から見送って以来、久方ぶりの親子の対面となった。

一行は時差を省みることなく、そのまま平識の道場に向かう。午後九時にもかかわらず、黒帯以上が勢ぞろいし、長嶺は訓話を行っている。終了後、ホテルに戻ったころには時計の針は零時を回っていた。大嶺、高兆らとウイスキーを飲みながら、朝三時くらいに床に就いている。以来、長嶺はニューヨークの五つの道場で連日のように指導を重ね、空いた時間は平識の案内で市内見物をした。当時の日記を目にすると、毎日のように飲酒した事実がわかる。ウイスキー、日本酒、ワインなど、日によって種類は違うものの、酒を飲んだ話が多く登場する。一月下旬には、〝禁酒〟の決意を日記に書くほどになり、実際に数日間の禁酒を行っている。それでもすぐに飲んでしまい、平日禁酒・土日飲酒といった独自の原則をつくるなど、試行錯誤した様子が見てとれる。

一月二十五日の日記には、いったんオハイオ州に戻った高兆から電話があった旨が書かれ、沖縄から手紙が来たことを知らされたとある。ヨネからの伝言として、「酒と肉食を中止するよう強く言うておる」と記している。このとき長嶺六十一歳、ヨネは五十二歳。数日後、長嶺は日記にこう記した。

「私の健康に関して子供に何んの不安も与へないようにしようと心の中に堅く決意をした」

（一月三十一日）

妻から指摘されるほどに体調に心配の種があったということだろう。

ニューヨーク滞在中は、船員上がりの荒くれ者で酒癖の悪かった門下が、空手を始めたことで酒をやめ、心を改めて立派な紳士になったと親から感謝されるシーンも象徴的に紹介される。

長嶺はニューヨークで「特別審査」を行った。その後も海外指導の多くの場面で、本部行事としての審査を行っている。平たくいえば、段位の認定だ。長嶺が見たところ、ニューヨークでの空手普及は総じてうまくいっていたようだった。そのことは次の記載からも見てとれる。

「晩は黒帯のみの稽古であるが、黒帯の進歩には頭が下がる思いである」（二月六日）

三カ月ほど前に琉球政府で初めてとなる行政主席の公選が行われ、長嶺の支援した西銘順治は革新系の屋良朝苗《やらちょうびょう》（一九〇二－一九七）に敗れていた。翌日の日記には、その屋良が沖縄で苦労していることを伝える新聞記事を読んだことを記し、その後で自身の話にふれている。

「私は今日も静かに考えた　吾が道を行くのみである　親子で完成しようと

短いながら、親子で空手の道を〝完成〟しようとの意欲がうかがえる。

長男の高兆はニューヨークの空港で長嶺を出迎えた後、最初だけ行動を共にしたものの、ニューヨーク州からさほど離れていないオハイオ州に戻り、長嶺を迎え入れるための準備をした。

長嶺はその後、カナダの道場を視察した後、ニューヨークに舞い戻り、最後にオハイオ州へ向かう。カナダに出国する直前、ニューヨークは七年ぶりの大雪に見舞われ、出発日が延期されるハプニングも生じている。カナダの道場では空手の型がいい加減に普及されていて、現地の指導者を厳しく指導し直す必要があることを書き残している。

カナダ滞在中の日記で目を引くのは、二月十八日の記述だ。現地で空手を紹介する英語の書籍が出版されていることを紹介し、具体的に三冊の書名を列記している。

二冊は、日本空手協会（松濤館）の中山正敏《なかやままさとし》と西山秀隆《にしやまひでたか》の手によるもので、もう一冊は沖縄で上地流空手に傾倒し、帰国後米国で書籍を出版してベストセラーとなった米国人マットソンによる書籍だった。

長嶺にとって、松濤館空手は日本本土の「ヤマト空手」であって、空手発祥の地・沖縄の「ウチナー空手」とは異なるものだった。本場沖縄空手の紹介が、二番手にすぎない本土空手に先を越されたことに、長嶺は沖縄空手界の責任者として忸怩《じくじ》たる思いを抱いたことは間違いない。

六年後の七五年、自ら『史実と伝統を守る―沖縄の空手道』を出版した背景には、そうした思いも強くあったはずだ。それから一年半あまり後、手回しよく英語版の発刊にもこぎつけた。つまり、一回目の海外指導は、現地事情を視察する意味合いがたぶんに含まれていた。

二月二十三日になると、長嶺は息子が待つオハイオ州へと向かう。初日から高兆の道場を視察し、息子の住まいにも泊まった。翌日はさっそく二回の稽古を指導した。

「今迄やって来た道場で床の堅さ、すべり具合も一番良い感じがする。巻藁も八つある。追

石（筆者注：チーシー）も充分に作ってある　先づ申し分がない」（二月二十四日）

身内びいきの感じもなくはないが、実際そのとおりだったのだろう。三日後の日記はさらにこう続く。

「彼も一人で米国に来た。送った吾々は、どんな生活をやって居るのか、はたして長く続けることが出来るか不安であったが、彼の考え方、日々の生活振り等を見て、私は自分の息子として彼の前でほめたい位である」（二月二十七日）

事実、この時期、高兆はかなりの情熱を持って空手指導に関わっていた。長嶺の滞在中も、朝早くから学校に通う高兆の堅実な生活ぶりを目の当たりにして、安堵の念を抱いた感情を素直に記している。

この気持ちを息子に直接伝えたかどうかは定かでない。おそらく伝えてはいないだろう。だがこのときの父親としての喜びははっきりしたものだった。

同じ日の日記に、「全沖縄空手道連盟」の総会の話が出てくる。手紙を連盟役員の兼島、比嘉、久志に送る必要性を述べたくだりだったが、米国訪問が予定より長引いたので定期総会は会長の自分が不在のまま行っても構わない旨を伝えていた。

このころの長嶺は、「連盟の問題、本の問題」（三月一日）が中心的な課題として頭の中を占めていた。

同じ日、高兆とともに、米国本部の問題、沖縄の総本部の問題など、「松林流」の組織的なる姿だった。

構想を午前二時まで〝論談〟したことを記している。それはまさに親子一体で夢に向かってい

禅に傾倒する

七十日に及ぶ海外指導から戻ると、二年前に新装となった組織「全沖縄空手道連盟」の定期総会が待ち受けていた。二年間の任期を無事に果たし、二代目会長を兼島信助に譲った。以後、全沖縄では、会長職は一期二年の原則が八一年まで十年以上続くことになる。

長嶺は前身組織の沖縄空手道連盟の第三代会長に就任して以来、足かけ八年間の会長生活を終えた。

実は当時の沖縄空手界の最長老であった知花朝信《ちばなちょうしん》は、長嶺が渡米中の六九年二月二十六日、八十三歳でその生涯を閉じていた。数日後、長嶺は渡航先の米国で逝去の報を受け取っている。知花の後任となる沖縄小林流空手道協会の会長には、宮平勝哉《みやひらかつや》（一九一八―二〇一〇）が就任した。宮平は本部朝基《もとぶちょうき》に短期間師事したことがあり、その点だけを見れば長嶺の兄弟弟子に当たる。

長嶺が六十二歳になるこの年、本土では極真会館が第一回全日本空手道選手権大会を開催した。二年後には漫画「空手バカ一代」の連載が『少年マガジン』で始まり、フルコンタクト空手の大ブームが起きる。

道場稽古のはじめに座禅を導入する

同じ年（一九六九）の十一月、沖縄にとって大きな事態が発生する。訪米中だった佐《さ》藤栄作《とうえいさく》首相がニクソン大統領とワシントンで三日間にわたり会談し、共同声明を発表したからだ。その中に「沖縄返還」の確約が盛り込まれていた。返還日時も「一九七二年中」と具体的に明記された。

この年、長年の会長職を譲った長嶺には、心境の変化も生じていた。かねてより宮本《みやもと》武蔵《むさし》や山岡鉄舟《やまおかてっしゅう》の著作を通して畏敬の念を抱いてきた思いが一層強まった。『空手道』にこう記している。

「武蔵と鉄舟。この先達が今までの物理的力中心の空手から拳禅一如の方向へと私を向けさせたのである。浅学菲才《せんがくひさい》をかえりみず、大いなる先人の驥尾《きび》に付すべく空手の稽古の必須科目として座禅を取り入れることを決意した」

具体的には、道場の稽古時間の冒頭に十五分間の座禅の時間を取り入れ始めた。禅宗の僧侶にも具体的に教えを請うた。ヨネの連れ子であった喜瀬守《きせまもる》（一九三八－二〇一四）を、京都を本山とする臨済宗（妙心寺派《みょうしんじ》）の僧侶にしたのもその影響だろう。十月には和歌山県にある真言宗総本山・高野山《こうやさん》を自ら参拝している。このころ高野山発行の機関紙に、「心身錬磨と空手道」と題して長嶺は次のように書いている。

「当道場は、高野山とも大変縁深く、道場正面には、前管長・中井龍瑞《なかいりゅうずい》大僧正の書かれた『空手無先手』と、『先正其心』の額をかけ、高野山大学の空手道部員も遠路練習に来ております」（「高野山時報」一九七〇年十一月一日号）

もともと沖縄には日本本土経由で早い時期から鎌倉仏教が入っていた。ただしこの場合の仏教とは、沖縄で最初に主流となった臨済宗と真言宗だった。特に首里士族は臨済宗に帰依《きえ》する傾向が強かった。座禅は仏教の一宗派の修行法といえる。長嶺はこれらを空手の修業に取り入れることにより、精神修養に寄与させようと試みた。沖縄で空手に禅を取り入れたのは、長嶺が最初だったとされる。

長嶺のこうした姿勢は、「空手バカ一代」のストーリーに取り入れられ、「拳禅一如《けんぜんいちにょ》」の言葉がそのまま使われている。これは長嶺道場からの明らかなパクリだろう。「空手バカ一代」の主人公となった大山倍達《おおやままますたつ》は、むしろ法華経《ほけきょう》の信仰を持ち、日蓮の開教と晩年とにゆかりのある清澄寺《せいちょうじ》（千葉県）と身延山《みのぶさん》（山梨県）で山籠もりしたとされる。本来、法華経の教えからは、禅宗を信仰する発想は生まれてこない。

ともあれ当時の道場生には、貴重な稽古時間の中、十五分もじっと座っていることに耐えられない若者もいたようだ。現在、松林流の道場でこの方針が厳密に守られているとも言い難い。

空手とは別に、長嶺道場では座禅の会が日曜日ごとに開催された。この会にのちに県知事となる四十代だった稲嶺惠一《いなみねけいいち》（一九三三－）も参加していた。新型コロナウイルス感染が広がった一年目、取材を申し入れると、「長嶺さんのことだったら」と快く引き受けてくれた。りゅうせきビルの役員室でプラスチックのついたてを間に置いた形で行った取材によると、ある経済人を介して座禅の会を知った若き日の稲嶺は毎日曜日、長嶺道場で足を組んだ時期があったという。

「時期としては七十年代の真ん中から後半くらいでしょう。メンバーは経済人とか文化人で、空手家は長嶺さんだけです。十人もいないんですが、みんなで立って道場内をぐるぐる回る。その後、丸くなって座禅を組んで、最後に般若心経をみんなで読むという会でした。無の境地に入るのは難しかったですが、日ごろそんなことをする機会もないので、貴重な経験になりました」

自らの著書『我以外皆我が師』（琉球新報社）の中でも「私は長嶺さんを尊敬していた」と綴っている。ちなみに稲嶺の父・一郎は早稲田大学の学生時代、東京の船越義珍から直接空手の手ほどきを受けた有段者だった。

「私自身、空手とは無縁だったが、そういう背景もあって、県空手道連合会の会長だった田《た》場典正《ばてんせい》（一九一七－二〇〇六）さんから『体調が悪くて任に耐えられない。後を引き継いでほしい』という話があった時、引き受けさせてもらった」（『我以外皆我が師』）

沖縄空手の四団体の一つ、連合会の第二代会長を稲嶺は知事選出馬直前まで務めた。その後、空手関連の県の政策がスムーズに進んだのはそうした理解と経緯が大きく作用している。

本土復帰と著書発刊

沖縄が本土復帰するまでのこの時期、長嶺は沖縄空手を宣揚するための著作の準備に余念がなかった。自らすべての型演武写真を撮影し、掲載した。松林流には全部で十八の型が保存されている。普及型Ⅰ・Ⅱ、平安《ピンアン》初段から五段、ナイハンチ初段から三段までの計十の基本型のほか、アーナンクー、王冠《ワンカン》、ローハイ、汪楫《ワンシュウ》、パッサイ、五十四歩《ゴジューシホ》、チントウ、クーサンクーまでだ。

このうち普及型Ⅰは長嶺が自身で創作し、Ⅱは宮城長順《みやぎちょうじゅん》の作である。平安の五つと、ナイハンチ二段と三段は糸洲安恒《いとすあんこう》の作とされている。長嶺が独自にアレンジした型もある。松林流の独特の型とみられる王冠、ローハイ、汪楫などについて、長嶺は継承した経緯をこう書き記している。

「この十八の形は先人方の残されたそのままの形ではないが、その原型を模索工夫し、できるだけ純粋な形に近づける努力はしたつもりである。泊手のパッサイ、ローハイ、王冠、汪楫

若夏国体で集団演技した際の写真。前列左端は平良慶孝、前列右端は新城清。
後列左３人目から真喜志康陽、上江田善市、島勇夫　提供：新垣敏光

などは学生会時代、伊波のシースー翁こと伊波《いは》興達《こうたつ》翁、爬竜屋《ハーリーヤ》の山里のタンメーこと山里義輝《やまざとよしてる》（一八六六‐一九四六）翁から教わってまとめた形である」（「沖縄タイムス」一九七七年二月九日付）

長嶺の場合、通常「型」と呼ばれるものを「形」と表現することが多い。これは本人の空手観の反映といえるものだ。

本土復帰が決まった翌年（一九七〇年）、大阪万博が開催された。三島由《みしまゆ》紀夫《きお》が自衛隊駐屯地で自決したこの年、沖縄では日本復帰を前提とした戦後初めての国会議員選挙が実施された。このとき上原康助《うえはらこうすけ》（一九三二‐二〇一七）などとともに、瀬長亀次郎《せながかめじろう》が衆議院議員に当選し、長嶺の空手の弟子である

喜屋武真栄《きゃんしんえい》が参議院議員に当選している。

翌七一年、当間重剛《とうまじゅうごう》が死去した。当間は、沖縄返還を見ることなく逝ったことになる。

一九七二年五月十五日、沖縄は正式に本土へ復帰した。日本との行き来にもうパスポートは必要なくなった。翌年五月には、沖縄の本土復帰を祝う「若夏《わかなつ》国体」が、短期間ながらも初めて沖縄の地で開催された。このとき開会式（五月三日）の集団演技で、県内三十道場からおよそ八百人が参加して空手の演武が披露された。上地流、剛柔流、少林流の三つの流派がそれぞれ一つの型を披露し、長嶺道場が参加した少林流では、長嶺がかつて創案した「普及型Ⅰ」が演じられた。

七四年になると、ブルース・リーの映画『燃えよドラゴン』『ドラゴン危機一髪』が空前の大ヒットとなる。それらの影響を受け、空手界は〝空前絶後〟の活況を呈することになった。例にもれず、久茂地の長嶺空手道場にも入門希望者が殺到する。朝・昼・夕・晩と一日四回、稽古が行われていたが、百畳ほどの道場には稽古中に人が入りきれなくなり、一部は屋外にはみ出て稽古したこともあったという。

七五年、ブルース・リーのブームの真っ盛りに、長嶺の著作『史実と伝統を守る――沖縄の空手道』（以下、『空手道』）は刊行された。定価三千円。箱入りで四百頁近い、当時としては豪華本ともいえる体裁だった。奥付の発行日は二月十日。同月十九日には琉球新報ホールで出版祝賀会が開催された。祝賀会を報じた新聞は、次のように記している。

「沖縄の空手は国際的に知られ、世界各国に空手の手ほどきを受けた人が目だっているが、これまで沖縄空手について一般紹介書ではなく沖縄空手の神髄について詳しく書かれたものはなかった」（「琉球新報」一九七五年二月二十日付）

別の記事で長嶺はこう記す。

「一九六三年ごろより自分のまとめた原稿と形を最終的に整理して一九七二年（筆者注：七五年の誤記）、まず日本版を、東京の新人物往来社から出版、英語版をタトル社と契約を結んで、昨年十月下旬、米国各州で販売される運びとなった」（「沖縄タイムス」一九七七年二月九日付）

十年越しでまとめられた『空手道』の最大の特徴は、沖縄の空手が型中心の鍛練を基本とする地道な空手であり、一方の日本本土の空手（ヤマト空手）は試合を前提としたスポーツ化された空手であること、平たくいえば、本土の空手は〃亜流〃との認識を明確にした点にある。そのため本土の空手について、「見せる空手」「ショー的空手」という直截的な表現を使って論評していた。

念願の出版物『沖縄の空手道』

長嶺の空手観がよく出ている部分を抜いてみる。

「自由組手や、その他の試合空手などでチャンピオン制度を設けて勝負を競技化することは、スポーツとしての空手においては認められよう。し

かしそれは、武道の真髄を離れたものである」（三五一頁）

「普及という大義名分の下に実施した本土の試合中心の空手は、チャンピオン制度の下で競技化に移行したため、大衆に受けて発展はしたものの、現在では日本的武道としての良さが失われつつある」（三五四頁）

「純武道として生まれた沖縄の空手を、スポーツ化して試合空手に育てたのは外ならぬ日本本土の先生方である。その先生方がルールの規定上とはいえ教え子のフランス側に裁かれるという形になった」（三五六頁）

「私は空手道を純スポーツ化するよりは、スポーツを兼ねた武道として空手を研究し発展させていくのが正しいあり方であると確信する」（三五七頁）

長嶺自身、本土空手のスポーツ化を深く憂いていたことがわかる。沖縄由来の空手がスポーツ化したことで〝変質〟したと述べている。さらに組手は、「形のみでは習得できない実戦的境地を追及する為に」「補い」として行うべきものであって、「競技としては行なわない」（三五七頁）と、はっきり結論づけていた。事実、長嶺道場では長嶺は弟子たちに組手稽古を禁じていた。そのため弟子たちは長嶺の見ていないところで自発的に組手を行う傾向があった。

沖縄空手道連盟の会長を六年、全沖縄空手道連盟の会長を二年務めた沖縄空手随一の理論家が、沖縄のメンツをかけて出版した著作は、当時の沖縄空手界の考えを先鋭的に体現したものだったといえる。

ちなみに序文を寄せたのは、衆議院議員の西銘順治、泊出身の行政関係者・真栄田義見《まえだぎけん》、元行政主席（現在の県知事）の当間重剛、さらに臨済宗妙心寺派の僧侶である岡本恵清《おかもとけいせい》の四人だった。

各序文の日付は順に、七二年一月、七三年十二月、七一年五月、七三年十二月と、出版された七五年より二、三年も前だった。それだけ早くから依頼していたものと見られる。中でも当間重剛については四年近く前の日付になっていた。実際、当間は沖縄返還（七二年）を見ることなく、前年の七一年十月二十日にこの世を去っている。序文の中で当間はこう綴っている。

「戦前戦後を通じ空手道発祥の地たる沖縄に生まれ沖縄で育ち、沖縄に定住して斯道の研鑽《けんさん》に生涯をかけた師範は数多くおられるが、空手に関する本が、ここ本場において一度も見られなかった事を心さびしく思っていた」

これは東京に出て空手普及を開始し本土で出版を果たした船越義珍《ふなこしぎちん》のような人物はこれまで出たものの、沖縄で出版した沖縄人がいないことを嘆いたものだった。さらにこう続く。

「私はかねてから長嶺将真氏の手で空手の本が書かれることをひそかに念じ、できれば自分の存命中に、その上梓に接したいものだと願ってきたが、今回はからずもその好機に恵まれたわけである」

前述のように、この本が出版された七五年に当間はすでにこの世にいなかった。つまり、「今回はからずもその好機に恵まれた」という記述は、実態には即していない。

ともあれ、長嶺が市議会議員の時代に、市長であった当間の配慮があったからこそ、副議長に抜擢されたことは明らかだった。警察官を退職後、長嶺が久茂地の土地を借りて戦後沖縄で初めてとなる大規模な空手道場を建設した際も、道場開きにおいて当間は来賓として出席した。長嶺の書物の冒頭を飾る必要があった人物といえる。

ちなみに、長嶺の出版に触発されたのか、上地流でも技術書の編集が進み、『空手道』の出版から二年半ほど遅れて、大部の『精説　沖縄空手道』が刊行された。

長嶺が処女作となる出版を果たした年の暮れ、長男の高兆は沖縄出身の女性・大田マサ子と結婚した。翌々年、長嶺の孫となる文士郎《ぶんしろう》が誕生する。

二度目の海外指導

著作を発刊した翌年、長嶺は「空手普及に尽くした功績」を称えられ、第二十回沖縄タイムス賞（体育賞）を贈られた。受賞を伝えた新聞記事には、「空手一筋に五十年」「『首里手』の継承者」などの見出しとともに、詳細なプロフィールも掲載されている。このときの肩書は「全沖縄空手道連盟理事」となっていた。

授賞式は七六年七月一日午後四時からタイムスホールで行われた。七月一日付の「沖縄タイムス」では、國場組嘱託・松林流空手道場副師範の肩書で、那覇商業学校時代からの古い付き合いである久志助恵が、「師の受賞は業績からみて当然」との見出しで、祝いのコメントを寄せている。以下のような内容だった。

「五十年余にわたる永い間、空手一筋に生きてきた長嶺師は、私にとって竹馬《ちくば》の友であり、師でもある。こんどの受賞は師の業績からみて当然の気もするし、喜びでもある。長嶺師を一言でいうと凝り性の一語につきる。物事をとことんまで追及し探究しなければ納得しない。空手の道を志してから当時健在だった、新垣安吉《あらかきあんきち》師、喜屋武朝徳《きゃんちょうとく》師、本部朝基師をたずね指導を受けたのも、そのことを如実に物語っている。自ら定めた人生道を一筋に歩きつづけることがいかにむずかしく努力の要るものか長嶺氏との長いつき合いで私自身も感じることができた。こんどの喜びは長嶺師個人でなく、郷土が生んだ世界に誇る文化財として空手を学ぶ多くの人たちと分かち合いたい」(「沖縄タイムス」一九七六年七月一日付)

この文章は久志が亡くなる一年半前のものである。長嶺道場の〃右腕〃といわれた人物の言葉だけに多少は割り引くべき部分があったとしても、書かれていることはそのとおりだろう。長嶺の「凝り性」の性格が、長嶺をしてその立場に立たせたことも事実だろう。

ちなみにそれから三年後、同じ「沖縄タイムス」で紹介されたコラムの中で、長嶺はこれまで指導した門下生の総数を「五万人に達する」と紹介している。そのうち「外国人は二万人」と書いていた(一九七九年十月十四日付)。

七六年秋には、英語版の *THE ESSENCE OF OKINAWAN KARATE-DO* が発刊された。出版披露をかね、長嶺が二度目となる海外指導に出発したのはこの年の十一月のことだった。付き添ったのは、英訳作業に中心的に取り組んだ新里勝彦(喜舎場塾塾長)である。

新里は大学で英文学を教える立場だっただけに適役といえた。早い段階から出版社との契約交渉や翻訳作業を手掛け、日本語版の出版と並行するように作業を進めた経緯があった。

二人は五十日以上かけて、ロサンゼルス、サンフランシスコ、ニューメキシコ州のアルバカーキー、オハイオ州シンシナティ、デイトン、フロリダ州パナマ、マイアミ、ニューヨークなど、四十を超える支部道場を回っている。

一九六九年、最初の海外指導のときは十を数えたにすぎなかった支部道場が、わずか七年で四倍に発展していた。ロサンゼルスに着いた翌日、さっそく出版祝賀会が開催されている。あいさつに立った北米沖縄クラブの宮城嗣夫会長はこう述べている。

「二十年前からこのロスでも空手が盛んになった。空手は沖縄が本場であるといってわれわれ県人も誇りをもっていたが、日本本土の空手が先に来て、空手の出版物も本土のものばかり。気をおとして長い間、黙っていた。そこへこの度、長嶺、新里両先生によって、内容外装ともに充実した立派な本が出来て本当に肩幅が広くなる思いでこんなにうれしいことはありません。沖縄の誇りです」(「沖縄タイムス」一九七七年二月九日付)

長嶺は、ロスからサンフランシスコに移動すると、二年前に急死した若き海外指導員・大嶺朝徳の家を訪問し、夫人に直接お悔やみを伝えている。沖縄から持参した線香も献じた。

サンフランシスコでも出版祝賀のパーティーが行われ、デモンストレーションやサイン会が開催された。

オハイオ州やフロリダ州を回り、最後はニューヨークに着いた。長嶺は「そもそも今度の渡米の最大の目的地はニューヨークであった」と「沖縄タイムス」に記している。

一回目の海外指導もニューヨークを起点になされたが、二回目も同様だった。

海外指導に同行した新里勝彦は、後年筆者の取材に次のように回想した。

「当時は私もまだ四十歳前で、各道場で審査会を開いて審査料を徴収するスタイルになかなかなじめませんでした。いまから考えるとそうしたあり方は当然のことだったかもしれませんが……」

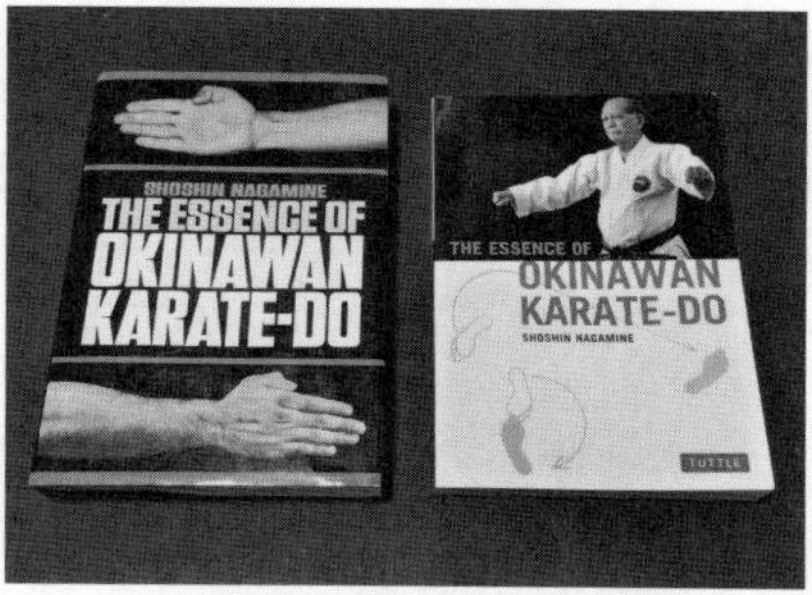

日本語版と時をへずに出版された英語版

それから二年後の一九七八年、長嶺は三回目の海外指導を敢行する。このときは米国本土だけでなく、初めてハワイ州にも足を延ばした。さらに南米のアルゼンチンやウルグアイにも動線を伸ばした。同行したのは仲村正義《なかむらせいぎ》八段、真喜志康《まきしやす》陽《はる》七段、真栄里正裕《まえざとせいゆう》六段、玉城剛《たまきたけし》六段の四人だった（段位は当時）。当時の有力な門下生たちである。

一行はハワイで演武会を開催した後、二手に分かれ、長嶺と真栄里はニューヨーク経由でアルゼンチンへ、他の三人はサンフランシスコへと向かった。

実はこの年の初め、長嶺の片腕であり、盟友であった久志助恵が六十八歳で他界していた。長嶺が「故久志助恵君を悼む」と題して寄せた追悼文に次の記載がある。

「彼が二十八歳の時に、私に対し角力をやめて空手に専念したいから指導を頼むという申し入れがあった」（「琉球新報」一九七八年二月十七日付）

計算すると、申し入れがあった年は一九三七年。この年、長嶺は泊に小さな道場を開いたことになっている。その道場で「一緒に研究し合おう」と約して一心に稽古に励み、一九五〇年には長嶺道場の副師範となった。五六年に沖縄空手道連盟が創設された際は喜屋武真栄とともに「理事」に就任し、副会長の長嶺を支える立場となる。五五年に日本橋高島屋の沖縄展で連日空手演武をした際のエピソードを長嶺は次のように記している。

「東京高島屋で紹介したとき、東恩納《ひがおんな》寛惇《かんじゅん》先生が久志君の演武を称賛されたことがある。当時、本土のあちこちで催されていた空手公演は、カワラ割りや板割りが呼び物となって、演武者も懸命に勇を奮って当て身の実験にその破壊力をひけらかし（どうだ驚いたか！）といわんばかりに大見得を切る風であったが、そういうものは空手道の本旨ではないのである――ということと、喜屋武真栄副師範が演武前のあいさつで述べたあとで、久志君が登場し、重ねた十枚のカワラを見事に衝き破りその威力の片鱗をみせた。しかもその態度が極めて淡々としたものであった」（同前）

末尾に、感情のこもった言葉を記している。

「助恵《タルー》君よ、君の残した、君の志向した心のふる里に思いをとどめ、空手道同志一同心から精進をお誓いする」（同前）

久志の逝去により、長嶺は自身の〝片腕〟をもがれる形となった。そのせいもあってか、三回目の海外指導では松林流の将来を見据え、中堅・若手を意識的に伴ったのだろう。

その年、ブルース・リーの最後の映画『死亡遊戯』が大ヒットした。さらに沖縄空手の宣揚に努めた言論人の仲宗根源和《なかそねげんわ》がこの年逝去した。

このころ、長嶺は白内障手術後の経過が思わしくなく、名古屋の大きな病院で眼の手術を受け、片目を義眼に変えている。

長嶺道場の弟子群像

長嶺道場の両脇士として名を残すのは、既述のとおり、那覇商業学校の同級生でもあった久志助恵と、古武道の達人・喜屋武真栄の二人だ。久志は大柄な体格で、温厚で寡黙な性格。沖縄角力にも造詣が深かった。喜屋武真栄は教職員組合の中心者であり、参議院議員にもなったが、古武道（特に棒術）の玄人として知られていた。戦前、長嶺が普及型Iを考案した際は、その専門委員の一員にも名を連ねていた。いずれも戦前から長嶺と関わりのあった二人である。

そのほかに師範代として長嶺道場の番頭格のような立場で長年指導したのが仲村正義だ。彼も戦前からの門下生で、体はさほど大きくはなかったが、がっちりした体格で、突きの強さは驚異的な破壊力を秘めていたとされる。予備動作なく繰り出す突きが、静止したスイカを簡単に打ち砕くほどの威力があったので、後輩たちにはどこからその威力が出るのか不思議でならなかったという。喜舎場塾塾頭の新里勝彦は振り返る。

「あの突きを自分たちもできるようになりたいと研究を重ねました。結局、回っているコマが静止しているのと同じような理屈で、それを腰使いに応用するとそうなるのだろうとの結論に達しました。仲村先生はその理屈を自分の口ではうまく説明できなかった。つまり、自分でも知らず知らずのうちにその技術を身につけていたということだと思います」

仲村の空手に魅力を感じて、多くの後輩が育った。ここでは武勇伝を持つ長嶺道場の三羽烏《がらす》を紹介する。

一人は田場兼靖《たばけんせい》。長嶺逝去の前から、この人物に松林流の将来は託されたが、結果的に流派を分裂させる事態につながった。この人の突きは巻き藁によってつくられた強力なものだった。二人目に喜舎場塾をつくった喜舎場朝啓《きしゃばちょうけい》（一九二九－二〇〇〇）がいる。組手が大好きで、技の研究にも余念がなかった。その武闘精神は温厚な長嶺からは敬遠される結果となった。そのため、かなり早い時期から長嶺道場を飛び出し、独立する形となった。

さらに順序は前後するが、島正雄《しままさお》（一九三三－二〇〇三）。現在、松林関係者の有力な武人はこの系統から生まれた人が多い。大城利弘《おおしろとしひろ》もその筆頭で、現在の流派長である平良慶孝《たいらよしたか》（一九四三－）も当初は島に師事していた。十六歳で島道場に通った比嘉信秀《ひがのぶひで》（一九四六－）はこう証言する。

「島先生は琉球石油で勤務していましたが、酒が好きで、練習が終わるとよく付き合わされました。がっちりした体格で、型はチントウが十八番でした。一方、やせ型の喜捨場先生はパッサイ、身長は小さいが幅はあった仲村先生はローハイが得意でした」

戦前は辻界隈で待ち伏せし、腕試しをする「掛け試し」が流行った。戦中、辻が空襲によって焼失し、戦後は桜坂（国際通りから少しそれたところにある歓楽街）がその場所に代わった時期がある。

戦後まもないころは、喧嘩がよく行われた。粋がって通りを歩いているヤサグレ者を見つけると、一人が肩をぶつけ、わざと因縁をつけられる。その後ろで残りの二人が待っているという具合だ。最初にぶつかる役が喜舎場で、最後に出てくるのが田場と相場が決まっていたようだ。相手にはヤクザも多くまじっていて、この種の武勇伝はたくさんある。

当時の弟子たちはツワモノぞろいだったので、長嶺将真に手出しするような者は沖縄には存在しなかった。

「もしそんなことをする人間がいれば、三羽烏のだれかに半殺しの目にされたと思いますよ。先生はその意味でも恵まれていました」

当時を知る門下生たちはそう断言する。これらの人物とは別に、高兆の存在もあった。長嶺直伝の空手であり、アメリカで磨いた空手ともいえる。

ほかにも外せない人物がいる。三重県尾鷲《おわせ》市で道場を開いた〝紀州の小天狗《こてんぐ》〟の異名を持っていた高村成弘《たかむらせいこう》（一九二七－二〇〇九）だ。

名古屋から特急で二時間半。海岸に近い山あいの線路を進むと「尾鷲《おわせ》」駅に着く。林業と漁業で発展したこの町は、小泉純一郎政権以降、安価な輸入材の流入等で林業が大きな打撃を受け、漁業の衰退とともにいまではさびれた感じの町といえる。高村はこの地で材木業を営む家の息子として生まれ、生涯、武の強さを求め続けた。姉が神奈川県の鶴見に嫁ぎ、近くで空手を教えていた松林流空手家と知り合ったことが沖縄とつながるきっかけとなった。本人が大会パンフレットに残した文章によると、東京・高島屋の「沖縄展」の空手演武で長嶺将真と初めて直接出会い、ほどなく空手修業の目的で沖縄に向かったという。地元には結婚してまもない妻と生まれたばかりの長男が残された。

高村は長嶺宅に居候《いそうろう》の身となりながら熱心に空手稽古に励んだという。松林流に飽き足らず、長嶺に紹介されたのだろう、知花朝信や祖堅方範《そけんほうはん》（一八九一－一九八二）など、当時の複数の武人たちの手ほどきも求めて受けた。空手だけでなく、古武道にも熱を入れ、滞在期間は一年近くに及んだという。家業を父親が守っていたために可能になったことではあったが、このころ、高村は三十になろうとしてた。長嶺は五十の手前。二人はちょうど親子ほどの年の開きがあった。弟子としては仲村正義と同年代に位置する。

松林流でも難しい型とされるチントウを得意とし、型に出てくる二段蹴りに飽き足らず、三段蹴りを熱心に稽古したという。もともと漁業の街として発展した尾鷲は、気の荒い人間が多く、ケンカや揉め事はしょっちゅうだった。そんな中、高村の名を知らない者はいないほどで、高村はよくケンカの仲裁を求められたという。

戦後の混乱期をへたころ、兵庫県から尾鷲に嫁いできた妻の高村勢津子《せつこ》は、最初に会ったとき、まず成弘の拳ダコに驚いたと語る。結婚当初は、成弘が鉄下駄を履いて毎日裏山の階段を使って昇り降りの鍛練をするので、毎日のように切れる鼻緒をこしらえるのが日課の一つだったと振り返る。尾鷲市議会議員として九期、最後は市議会議長も歴任した息子の高村泰徳《やすのり》（一九五四－）は父親の思い出をこう語った。

「おやじは足の親指が普通の人の三倍くらいありました。足先《そくせん》蹴りを稽古したたまものということでした。人を一発で倒せたら相手がピストルなどどんな道具を持ってきても怖くはないが口癖で、一日七時間くらい稽古していました。自分は最長でも四時間くらいでした」

稽古の虫そのものだった高村成弘は、あるとき、有名になった極真会館に勝負を挑もうと東京に大山倍達を訪ねたこともあったという。あいにく先方は海外渡航中で、直接対決はかなわなかった。

松林流の関西地区本部長であった高村のもとで、一時期、東海地区本部長を務めた弟子の一人、水谷征夫《みずたにゆきお》（一九三八－九〇）は物語に取り上げられるほどの武人で、安藤昇《あんどうのぼる》の書いた小説『野望』（双葉社）のモデルとなった。この本は二〇〇〇年に『喧嘩空手一代　東海の殺人拳水谷征夫』と改題して文庫化されている。水谷は空手流派「寛水流《かんすいりゅう》」を自ら立ち上げ、極真の大山総裁も一目置いたとされている。師匠の武を証明するのは、弟子の役割ということからすれば、これらは高村の武術性の高さを示す一端につながるだろう。
当時は武術にこだわる空手家が松林流にはきら星のごとく存在した。
現在、東京都内に松林流の道場は見当らず、日本本土でも関西、東海などの一部を除いてほとんど目にする機会はない。この本の取材でいくつか共通して耳にしたことは、長嶺が国内支部の設立を容易に認めなかったことが流派の広がりを阻害する要因になったという指摘だった。「あの仲村正義さんですら、支部をもたせてもらえなかった。もっとも空手の世界では師匠から『もう出していいよ』との声を聞くのをひたすら待つだけで、自分から言い出すのはご法度という雰囲気が強かった時代です」（古参の弟子の一人）
長嶺が晩年自ら創設した沖縄県空手道連盟に参加する現流派を見ても、最大流派は小林流と剛柔流で、松林流は少数流派だ。これらは日本本土だけでなく、沖縄においても流派としての広がりを持つことに成功しなかった結果と思われる。

●長嶺空手道場に所属した主な空手家の生年一覧

一九〇七　長嶺　将真（松林流の創始者）
一九〇九　久志　助恵（古参の側近、将真とは那覇商業学校の同級生）
一九一二　喜屋武真栄（古参の側近、古武道の使い手、元参議院議員）
一九二五　仲村　正義（長嶺道場の番頭格、古参の師範代）

一九二七　高村　成弘（関西地区本部長、日本本土の事実上の中心者、三重県尾鷲市）
一九二九　喜舎場朝啓（三羽ガラスの一人、喜舎場塾創設者）
〃　山口　順弘（古参の弟子）
一九三〇　宮城　清明（関東地区本部長、横浜市鶴見区）
一九三一　阿波根昌功
一九三二　宇江城安盛（最初の海外指導員。アメリカ支部の初代支部長）
一九三三　田場　兼靖（三羽ガラスの一人、松林流初代会長、松源流）
〃　島　正雄（三羽ガラスの一人、多くの逸材を育てた）
〃　**石川　元常**
一九三四　国場　幸彦
一九三五　**島　勇夫**
一九三七　**幸地　三平**
〃　**平識　善弘**（米国ハワイ在住）
一九三八　水谷　征夫（東海地区本部長、名古屋市、寛水流創始者）
〃　**真栄里正裕**（将真の三回目の海外指導に同行）
一九三九　**新里　勝彦**（『史実と伝統を守る　沖縄の空手道』の英訳者、喜舎場塾二代目塾頭）
〃　真喜志康陽（松林流初代理事長・第二代会長、華麗なクーサンクーを得意とした）

一九四〇　**玉城　　剛**（松林流第二代理事長、松源流）
一九四一　**城間　清栄**（松真流）
一九四二　**上江田善市**
一九四三　**新垣　敏光**（松林流副会長）
〃　　　　**新里　昌雄**（松林流支部長）
〃　　　　**平良　慶孝**（松林流第三代会長、第八代沖縄県空手道連盟会長）
一九四五　**大田　栄八**（米国ロサンゼルス在住）
〃　　　　長嶺　高兆（将真の長男、二代目宗家）
一九四六　**比嘉　信秀**（松林流浦添道場・師範代）
一九四七　**田島　一雄**（高兆の高校の同級生、喜舎場塾）
〃　　　　**新城　　清**
〃　　　　**花城　孫正**
〃　　　　**赤嶺　茂秀**（アルゼンチン在住）
一九四九　**大城　利弘**（元米国サンフランシスコ在住、島派を名乗る）
〃　　　　**西銘　　清**（米国在住）

※ゴシックは二〇二一年八月時点の現存者

第八章　空手の琉球処分と沖縄海邦国体

前兆となる動き

一九七九年四月、「全沖縄空手道連盟」の第七代会長に八木明徳《やぎめいとく》が就任した。八木にとって二度目の会長就任だった。

沖縄空手界の本流の組織として戦後十一年目に設立された「沖縄空手道連盟」が六七年に改編され、「全沖縄空手道連盟」（全沖縄）と名称変更したことは既述のとおりだ。「全沖縄」の会長は事実上、四天王（長嶺将真、比嘉佑直《ひがゆうちょく》、上地完英《うえちかんえい》、八木明徳）を中心に任期二年の持ち回りで行ってきた。

それから二年たった八一年八月、沖縄空手界は長嶺を中心とする「沖縄県空手道連盟」と、八木の残る「全沖縄」の組織に真っ二つに分裂する事態となる。八七年秋に開催予定された沖縄初の国民体育大会（沖縄海邦国体）で、空手競技に参加するかどうかをめぐり、笹川良一《ささがわりょういち》を会長とする競技団体「全日本空手道連盟」（全空連）への加盟の是非が分裂の最大要因となった。この国体に沖縄勢の空手家が参加するためには、県組織として全空連に加盟する必要があるとされたからだ。国体参加それ自体には肯定的な意見が多かったものの、本土の空手組織に加盟することには慎重意見が根強かった。全国の都道府県で唯一、全国組織へ〝未参加〟となっていた沖縄空手界にとって、賛成と反対が拮抗する事態へとつながった。

沖縄の空手組織が日本本土《ヤマト》の空手組織に半ば強制的に〝吸収〟される結果となったこのときの事態を指して、「空手の琉球処分」と形容されることがある。公式な形で「琉球処分」の言葉を最初に使用したのは、当時の八木明徳会長だったかもしれない（「沖縄タイムス」一九八一年八月十四日付）。

実は組織分裂に至るまでに二年ほどの〝前史〟があった。異変は二代前の上地完英会長の時代に始まっていた。当時、上地流は沖縄に十六程度の道場を持ち、最大流派を誇っていたものの、上地完英の性格は口下手で、会長職には向かないと敬遠されていた面があったという。

「だから（完英先生は）長らく副会長のままでした」

上地流の重鎮であった上原武信《うえはらたけのぶ》（一九三〇－二〇二二）は生前、私の取材にそう証言した。

そのとき各流派に均等に会長職を回すように主張したのは、比嘉佑直だったという。比嘉は会長が口下手なら同じ流派から理事長を起用し、支えれば済むことだと主張し、話を通してしまった。その際、完英を支える実務役として理事長に抜擢されたのが、当時四十五歳の上原だったという。本土の和歌山で生まれ、戦後、沖縄出身の父親らとともに沖縄に戻り、本格的に空手を始めた。父親は上地流草創期の三大道場の一つを運営した同流派では名門の家柄といえる。上原自身は那覇市役所に勤務する職員だった。

「当時、内地には剛柔流もしょうりん流（松濤館など）もありましたが、上地流はない。上地流は独立独歩でしたから、（日本の空手界が）その上地流をどう取り込むかということで、当時から手を変え、品を変えて、働きかけがあったのは事実です」

上原はそう前置きした上で、幻の世界空手道選手権大会なるものに言及した。

「（完英先生が）会長のときに、全空連から沖縄で世界大会を行いたいという打診がありました。話は開催直前まで進みました。沖縄にとってはいい話ばかりで、沖縄側もいったんはまとまったのですが、突然先方が心変わりして、取り止めにしたいと一方的にキャンセルしてきました。あのころから沖縄への懐柔工作は始まっていたと思います」

会長である八木明徳が「沖縄タイムス」（八一年八月十四日付）に寄せた文章によれば、全空連と沖縄側の最後の打ち合わせが行われたのは「七六年十一月二十九日」のことだったという。

全空連と全沖縄の関係は、全空連が笹川良一会長のもと財団法人化された一九六九年にさかのぼる。この年の十月、日本武道館で開かれた全空連主催の第一回全日本空手道選手権大会において沖縄から二十六、七人の空手家が上京し、特別招待模範演武を披露。松林流からは長嶺のほか、久志《くし》助恵《じょけい》と真喜志《まきし》康陽《やすはる》が参加している。長嶺はこのとき得意のクーサンクーを、久志は王冠を披露した。この武道館での演武に先立って、沖縄では「沖縄公開の夕べ」と題する模擬演武会を事前に地元で催したほどだったから、相当の熱の入れようだったことは確かだ（「沖縄タイムス」六九年九月二十〜二十三日)。

だが、全空連が七六年に世界大会を一方的にキャンセルした時点で、沖縄側は本土(全空連)に〝騙された〟との思いをすでに抱いたという。そうした不信感がその後にも影響を与えた事実は拭えないようだ。

笹川の率いる全日本空手道連盟からの呼びかけは、会長が八木明徳に代わってからすぐに始まった。

八木の会長就任翌月の七九年五月、早くも会長の八木と理事長の上原恒《うえはらこう》(一九二九-二〇一八)が、全空連関係者と直接話し合いの機会を持った。さらに七月、八木は沖縄空手界の重鎮、長嶺将真とともに上京し、全空連と協議の席を持った。いずれも話し合いは不調で終わった。

長嶺はこのとき七十二歳。八年間の会長生活を終え、空手の要職から身を退いて十年あまりがすぎていた。自身の空手人生の総仕上げをしようという年代に入っていた時期だったともいえる。

その証拠として同年の十一月、「沖縄タイムス」で全四十八回に及ぶ長期連載「沖縄の空手武人伝」を開始している。この連載は翌年二月まで続くことになった。連載をもとにした二冊目の書籍『史実と口伝による沖縄の空手・角力名人伝』が完成するのは、それから七年後のことだ。ライフワークとして調査研究を続けてきた過去の著名空手家に関するエピソードや歴史などを人物ごとに綴ったものである。

真壁朝顕《まかべちょうけん》、松村宗昆《まつむらそうこん》、松茂良興作《まつもらこうさく》、糸洲安恒《いとすあんこう》、東恩納寛量《ひがおんなかんりょう》、船越義珍《ふなこしぎちん》、喜屋武朝徳《きゃんちょうとく》、本部朝基《もとぶちょうき》、新垣安吉《あらかきあんきち》など十人で、沖縄空手を切り拓いたそうそうたる武人が並ぶ。うち三人とは長嶺が直接空手の手ほどきを受けた師弟関係でつながっていた。

当時、沖縄の空手家で、このような歴史探訪をライフワークとした者はほかに見当たらない。いわば長嶺の独壇場ともいえた。長嶺が戦後沖縄空手界の理論家の一人と位置づけられるのは、そのためである。

連載が続いていた八〇年一月、日本体育協会（現日本スポーツ協会）は沖縄海邦国体（海邦国体）を八七年に開催することを正式決定した。沖縄県が戦後二十七年ぶりに本土復帰して以来、初の本格開催となる国民体育大会。およそ五十年に一度しか回ってこない都道府県におけるスポーツの祭典だった。国体が通常の競技大会と大きく異なる点は、天皇陛下が臨席する点にあった。国をあげての大会であり、県の総力をあげて取り組む大会だった。

難航した全空連との協議

沖縄県と沖縄県体育協会（県体協）、さらに全空連が総力をあげて沖縄空手界の説得に乗り出したのは、海邦国体の開催が発表された八〇年一月になってからだった。この年、沖縄は水面下で大きく揺れ動く。

長嶺は糸洲安恒が平安の型を創案したのと同じ年齢に達し、四月には松林流の記念演武大会を開催した。名目は前年十一月に県の体育功労賞を受けたこと、さらに古希のお祝いを兼ねた大会となった。本土では七十歳が古希の祝い年となるが、沖縄では微妙に年齢が異なる。

五月、沖縄空手界の四天王全員と上原恒理事長、県体協の大里喜誠《おおざときせい》がそろって上京し、全空連との大がかりな話し合いの場がもたれた。この席が実質的な帰趨《きすう》を決めることになったと思われる。

五月十八日には「沖縄タイムス」が全沖縄空手道連盟（全沖縄）が全空連に加盟する旨の予定記事を初めて報じた。だがこのときの話し合いも、最後は〝決裂〟で終わる。

その様子は同年八月に開かれた全沖縄の演武大会における大里県体協会長と八木全沖縄会長のあいさつ内容からも容易にうかがえる。全沖縄の主催する第十二回空手道古武道演武大会は八月二日午後六時から、那覇市民会館大ホールで開催された。大里は祝辞の中で次のように述べている。長くなるがそのまま引用する。

「七年後の沖縄国体に備えて県体育協会傘下の貴連盟が、空手の競技としての振興について、流派を超えた広い視野に立ち対策を確立していただくよう期待してやみません。来年の滋賀国体からは空手は採点競技種目となることが決定しております。またすでに、高校、大学の空手大会で沖縄の若人が活躍しております。国体参加のための条件作りとして全日本空手道連盟の加入も早急に実現していただきたいものであります。武道において各流派の先人が遺された心と技を尊重して修行に努めなければならないことはもちろんでありますが、武道を競技として振興することは時代の要求でもあり、我々の責務でもあります。そのためにいろいろの難しい問題を抱えておることも聞いておりますが、空手発祥の地、沖縄において開催される国体は、沖縄の空手選手がその努力を遺憾なく発揮して若人の意気を天下に示すとともに、沖縄空手の真髄を披歴する好機であると信じます。そのことは若人の夢であり、また百万県民の期待と願望であります」（渡嘉敷唯賢著『沖縄剛泊会空手道　二十年のあゆみ』一九八六年）

(9)　1版　1980年(昭和55年)5月18日　日曜日

沖縄空手道、全国組織加盟へ

条件付きで了承

62年国体決定がきっかけ

一度は全空連への加盟が報じられた
（「沖縄タイムス」1980年5月18日付）

以上は七五年から全沖縄の理事を務め、八一年五月に同理事長に就任した渡嘉敷唯賢《とかしきいけん》（一九四〇－）の著作からの引用だが、会長の八木はこのとき全空連との話し合いの状況について、あいさつの中で次のように説明した。

「来年の国体からは空手も他のスポーツ同様、型と組手の試合が点数制によって覇を競うようになりました。したがって昭和六十二年に沖縄において開催される国体にも当然空手道が試合の対象となるわけでございます。そこで問題になりますのは、空手の試合に出場するには、全日本空手道連盟に加入しなければ出場できないという立場におかれているということであります。我々全沖空連（筆者注：全沖縄）におきましても全日空連（筆者注：全空連）加盟について再三再四にわたって交渉してまいりましたが、その加盟の条件があまりにも一方的で、本場沖縄の空手を傷つける結果になりかねないのでいちおう加盟すべく準備は進めてきたものの、流派長会理事会などでもし全日空連側の提案どおり加盟するならば、脱会もやむを得ないという道場もあり、〝空手維新〟とでも申しましょうか、まったく一進一退の立場に置かれている状態であります。全沖空連の幹部の方々は異口同音に我々祖先の遺産であり、君子の武術といわれた空手道を冒瀆し、傷つけ、千載に悔いを残すことがないようにと加盟の問題を否定し続けている現状であります」（同前）

八木はこのとき〝空手維新〟の言葉を使っている。全空連による無理難題の要望に抗している様子がありありと伝わってくる。「一進一退」という言葉どおり、当時の沖縄は全体としてはまだ〝まとまり〟を保っていたといえる。だが翌年になると、深刻な〝分裂〟の事態を引き起こす。

方針転換の背景

当時の県知事は保守系の西銘順治《にしめじゅんじ》。一期目の半ばであり、九〇年に革新系の大田昌秀《おおたまさひで》（一九二五－二〇一七）に敗れるまで、三期十二年を務めあげる。八七年の沖縄海邦国体の開催責任者となったのも西銘だ。

西銘と長嶺は、長嶺が那覇市議時代からつながりがあった。西銘は長嶺が支持する保守系の県知事であり、そのよしみもあってか、知事一年目に長嶺は県から功労賞（体育・スポーツ功労）を贈られている。

七九年十一月三日にパシフィックホテル沖縄で行われた昭和五十四年度県功労賞の表彰式典で、長嶺将真を含む各分野の受賞者は西銘から表彰状とメダルをそれぞれ受け取った。受賞者十人を代表して長嶺秋夫《ながみねあきお》（一九〇八－二〇〇二）が受賞の喜びを語っている。

「まことに身に余る光栄だ。振り返れば戦前、戦後を通じて激動の時代を生き抜いてきた感がする。かつての琉球王国が琉球文化を築いたように、これからは沖縄を国際交流の拠点にしていくべきだ」（「琉球新報」十一月四日付）

「身に余る光栄である。沖縄は戦前、戦後ともドン底から暗中模索しながら、それぞれの道を選び、挫折を繰り返しながら、ここまで立ち上がってきた。一辺境の離島県から、いま東南アジアとの中継地としての地理的有利性が着目され、新たな歩みをしていることは、感激のいたりである。今後とも県の発展のために寄与したい」（「沖縄タイムス」十一月四日付）

そこには家屋や親族など多くを失った戦中からの道のりに対する、同世代の沖縄人が共有する思いがこめられていた。

国体成功への道のりは、その西銘から懇願されることにより、長嶺としては極めて〝弱い〟立場に置かれたことは明らかだった。

国体において競技される三十六種目のうち、沖縄を発祥とする競技は空手だけである。だが、沖縄ではその空手だけが国体への出場資格をもたないまま放置されていた。そのことは、県体協の大里会長が、のちに「全種目の国体出場のメドがついた」（「沖縄タイムス」一九八一年八月十六日付）と、安堵の気持ちを吐露した事実からもうかがえる。

ものの本によれば、沖縄県空手道連盟の役員となる長嶺と宮里栄一《みやざとえいいち》は警察官出身で、警察筋からの説得に応じた旨を説明するものがあるが、それは直接的な要因とはいえないだろう。仮にそうした要請があったとしても、長嶺にとっては、「若い人たちのために国体への窓口を開くことにはだれにも異存はなかった」（「沖縄タイムス」同年九月七日付）という思いがあったことは明白だからだ。

長嶺らは当初は全沖縄の組織全体でまとまった形で全空連に加盟する方向で話し合いを進めようとしていた。しかし最後までまとまらなかった。沖縄には沖縄のメンツがあり、ヤマトにはヤマトの大組織としてのメンツがあった。結局、板挟みになった沖縄側の中心者が長嶺将真というわけだった。

八一年一月、各流派長が集まった会議で、沖縄空手界として全空連に参加しないことを再確認した。いったんは結束を誓い合う形となった。だが、この結束は長嶺らの行動の変化によって崩れる。沖縄の郷土月刊誌『青い鳥』（八一年十二月号）に外間哲弘《ほかまてつひろ》（一九四四－）ら当時の高校教諭四人が連名で書いた「手を誤まるな！」という八ページの文章が掲載されている。そこには長嶺を批判したと思われる次の記述があった。

「リーダーとして集団を一定の方向に推進しておきながら、途中で方向を変え、自ら指導した組織を否定する方向の推進者となれば、事は問題とされてよい。その人々は、いったい〈組織、組織決定、自らのリーダーとしての責任〉に対してどう考えているのだろう」

八一年一月から六月までの間に何があったか。この時期に沖縄空手界は大きな変化に見舞われる。

県体協の大里喜誠会長の言葉を借りれば、六月三十日をリミットとして、全沖縄と全空連の話し合いは断念され、七月一日から大里の意向を担った長嶺を中心とする独自行動が開始された。その日にデッドラインを引いたのは、九月半ばには滋賀国体で初めて空手競技が行われることが決まっていたためと思われる。逆算して八月には新組織を立ち上げておく必要があったのだろう。

六年後の八七年にはいやおうなく国体が沖縄へ回ってくる。空手発祥の地で開催される初の国体で、地元沖縄からだれも空手の試合に出場しない事態は、県政に関わる者からすればありえない選択に見えたのだろう。

長嶺は、それまで安易な組手には警鐘を鳴らし続けてきた立場だったが、新組織設立の〝ウルトラC〟は、これまで主張してきた自らの言葉と、別の行動をとることにつながりかねなかった。

「虎穴《こけつ》に入らずんば虎子《こじ》を得ず」――

長嶺は苦しい表現で全空連に加盟する理由を説明した。こうした行動が、のちに沖縄空手界における賛意と反発の二つの側面を形成した面は否定できない。事実、「ミイラ取りがミイラになった」と表現する人もいた。

このころ、沖縄県側の関係者に笹川良一の莫大な資金が流れているとの噂がまことしやかに流れたが真相を知る者はいない。私はこの本の取材の中で痕跡をたどろうと努力したが、少なくとも長嶺将真に関して、その証拠を見つけることはできなかった。

実は長嶺の晩年、長嶺家には那覇新都心に松林流の本部道場を建設する将来構想があった。この敷地は米軍基地の返還とともに民間に払い下げされたものと思われ、長嶺家が以前から所有していた土地そのものではない。原資は八八年に上之屋のかつての工場跡地を売却することでつくられた資金と思われる。

長嶺門下生には「元警察官の先生がそんな不正に手を染めるはずがない」と否定する者がいる一方、「くれると言われればもらわない手はない」と率直に話す人もいた。少なくとも私が取材した中で、莫大な資金が流れた痕跡はつかめなかった。

県空連の創設

県体協（大里喜誠会長）の主催する国体参加のための推進会議は、前出の『青い鳥』や渡嘉敷唯賢の記録によると三回開催されている。渡嘉敷は八一年五月、分裂の一方であった全沖縄の理事長に就任していただけに、それらは全沖縄の側から見た記録ともいえる。一方で、新組織となった沖縄県空手道連盟（県空連）の公式の記録では、別の日程で連続二日間にわたり集中的に議論されたことになっている。

会場は現在の沖縄県立武道館にほど近い、明治橋から歩いてすぐの場所にある体協会館。その会議室で、渡嘉敷らの記録では八一年の七月二十三日、七月三十日、八月五日と三回にわたる協議が続けられた。また県空連の公式記録では、八月六日と七日に集中的に論議されたことになっている。

渡嘉敷の記録によると、二回目（七月三十日）の会議で、長嶺が国体を成功させるために全空連に参加しようと呼びかけて終了する。

最後の八月五日には三時間にわたる激論の末、司会を務めた長嶺自身が採決することを提案した。採決の結果、賛成二十八人、反対十七人で賛成者が上回り、ただちに設立発起人十七人を選出し、長嶺を会長に選んだという（『沖縄剛泊会空手道』）。

一方、八月六日と七日の会合は、反対派が抜けた後に、別組織を立ち上げるための実務的な協議の側面が強かったと思われる。それでも懸念や不安を示す意見は多く出たようだ。

八月七日には同じ体協会館で設立総会を持ち、「沖縄県空手道連盟」を正式に立ち上げている。ここに至り、沖縄空手界は完全に分断される形となった。

長嶺は新組織の初代会長に就任する。これにより、長嶺は沖縄空手道連盟、全沖縄空手道連盟の会長に続き、三つ目の空手団体の会長を経験する稀有な存在となった。そのような人物は沖縄空手界においてほかに見当たらない。

八月十四日、八木は「沖縄タイムス」の論壇で「空手道の国体参加について　伝統ある型を崩すな」との主張を発表した。二日後、大里が同じ紙面で「県空手道連盟の誕生を祝う　国体参加は大きな前進」と題する談話記事を掲載した。

八月二十二日には八木の自宅で行われた全沖縄の理事会に長嶺自身も出席し、新組織設立の理由を説明している。翌日付の「沖縄タイムス」には「二つの連盟で内紛」の記事が掲載された。

八月二十五日、運命の日がやってくる。それまで全空連への加盟を拒否してきた全沖縄空手道連盟が、沖縄県体育協会に加盟していた「資格」を強制的に抹消される事態となった。これは、県体協による事実上の〝除名処分〟といえた。その上で、長嶺らが立ち上げた「沖縄県空手道連盟」が県体協に新たに登録される形となった。

大里会長率いる県体協による力ずくともいえるこの〝すげ替え処分〟を、「沖縄空手界に外部の力がはじめて作用した事件」と書いたのは「沖縄タイムス」(九月七日付)だった。

このとき長嶺側を支えたキーパーソンは、沖縄小林流空手道協会の宮平勝哉《みやひらかつや》、剛柔流の宮里栄一、さらに沖縄四天王の一人で長嶺と同じ那覇商業の後輩に当たる比嘉佑直の三人だった。ちなみに比嘉は同じ月(八一年八月)、それまで二十七年務めた那覇市議会議員を勇退した。

比嘉と同時に市議を引退した中に瀬長亀次郎の妻フミ（一九〇九－二〇一〇）もいた。フミは六五年の市議選でトップ当選して以来、四期を務めた。実はこのとき入れ替わりで初当選を果たしたのが長嶺の長男・高兆だった。長嶺家と瀬長家の関係はここでも因縁めいている。

話を戻すと、新組織では長嶺が初代会長となり、宮平は副会長、宮里は事務を司る理事長に就任した。

宮里栄一は八木明徳と同じく、剛柔流開祖の宮城長順《みやぎちょうじゅん》の薫陶を直接受けた人物だった。宮城の最晩年の弟子にあたり、八木は初期のころの弟子だった。その意味では八木のほうが剛柔流の大先輩に相当したわけだが、このとき剛柔流も二つの組織に分裂することになった。比嘉《ひが》世幸《せこう》系の渡口政吉《とぐちせいきち》（一九一七－九八）のもとで師範代を務めていた久場良男《くばよしお》（一九四六－）はこう語る。

「当時、剛柔流で長嶺先生の側についたのは宮里栄一先生の系統と、戦前の比嘉世幸系統の中ではうちだけでした。本土にあった渡口系の道場はすでに先に全空連に加盟していた関係で、沖縄が全空連に加盟するときには必然的に加盟する側に回りました。私は県連ができたことで、逆に伝統側は自分を見つめ直すことができたという意味でよかったと考えています。もしあの事態がなければ、自分たちのやっている伝統の意味を改めて考え直す機会も生まれなかったと思うからです。はっきりいって一つの『洗礼』になったと思います」

余談になるが久場はこのころ、空手上の悩みをもっていたと打ち明ける。師匠の渡口にたびたび指摘されるものの、どうしても自分にはできない技術的な悩みがあったという。あるとき渡口のお供をして長嶺将真と三人で食事をする機会があった際、長嶺がアドバイスした言葉が久場の心を和ませることになった。

「長嶺先生は、同じ型でも違う人間がやれば人によって変化する、変わるよといわれたのです。体が違えば違って当たり前ということを指導する側もわからんといかんぞという言い方をされて、そこから私は渡口先生の真似をしなくていいんだと、自分自身を見つめればいいんだと、すごく気持ちが楽になったことがありました。以来、練習に対する考え方が変わり、〝解放〟された思いがしました」

一方、沖縄独自の流派である上地流は、大方が全空連加盟「反対」でまとまった。さらに一部は長嶺批判の急先鋒となった。上地流空手の使い手で大学助教授でもあった高宮城繁《たかみやぎしげる》（一九三五－二〇一四）は、九月十五日から「沖縄タイムス」紙上で新連盟の動きを批判する新連載（全九回）を始めている。

九月十三日、国体で初めて空手競技が正式種目となった滋賀国体が開催された。この大会では沖縄の選手は個人として一部の選手が出場しただけだった。

沖縄空手界は五年後の沖縄海邦国体をめざし、空手日本一（総合優勝）を至上命題とする長嶺率いる沖縄県空手道連盟と、伝統空手を堅持する全沖縄空手道連盟に分かれた。

長嶺が抱えた葛藤

沖縄が本土ルールの国体競技に参加したのは、翌八二年の島根国体が最初となった。この国体に先立ち、五月二十三日に国体の県予選となる県空連主催の第一回大会が開催された。十月の国体競技では、比嘉佑直の弟子が型競技（成年男子）に出場したものの、ハプニングが生じていた。型を演じたものの、本土形式の指定型でなく、沖縄式の動作で行ったため、「失格」にされてしまったのである。

指定型については全空連と交渉していた沖縄側との間ですでにやりとりがなされていた。長嶺が「指定型は名称だけの指定にしてほしい」と要望すると、全空連の江里口栄一《えりぐちえいいち》専務理事はこう言って容認していたという。

「これはあくまでも名称だけの指定であって中身は問わない」

この回答を聞いて、沖縄側は安心していたとする。だが実際に国体に参加してみると、すでに指定型は導入されていて、名称だけでなく、中身（ひとつひとつの動作）についても完全に指定される形になっていた。そのとおりに動作しないと評価されない仕組みになっていたわけである。「沖縄タイムス」（十月九日付）は次のように報じている。

「空手は成年、少年とも早々と姿を消した。特に、型については本土と沖縄で違いがあり、沖縄の型は認められなかった。この問題は空手の競技方法をめぐって今後、尾を引きそうだ」

弟子の置かれた状況に、顔から火が出るほどの屈辱感を覚えたのは比嘉佑直であったに違いない。それは「話が違う」との一点に尽きただろう。

比嘉も全空連との重要な協議には沖縄空手界の代表として参加していた事実がある。この事態には会長の長嶺自身も、大いに面食らったに違いない。

長嶺と行動を共にしてきた比嘉は腹に据えかねたのか、自ら「沖縄空手・古武道連盟」を立ち上げ、現在の沖縄空手四団体の一つにつながった。

長嶺はハプニングとなったこの国体の翌月、全空連に、沖縄を代表して指定型についての意見書を提出している。沖縄の選手については沖縄式の型をそのまま認めてほしいと嘆願する内容だった。

八二年十一月一日付で全空連の高木房次郎《たかぎふさじろう》専務理事宛に出されたこの意見書は、A4用紙三枚に書かれ、タイトルは「国民体育大会に於ける空手道型の指定について」となっていた。発信者として冒頭に「沖縄県空手道連盟　会長　長嶺将真」と記され、三枚目の末尾に、当時の県空連の理事以上の幹部二十一人の名前が列記されていた。二十一人の中には、「相談役比嘉佑直」の名もある。当時の副会長は「宮平勝哉」、理事長は「宮里栄一」である。理事の中には「佐久本嗣男《さくもとつぐお》」の名もあった。意見書の冒頭には次のように書かれていた。

「全日本空手道連盟は昭和五十六年の滋賀国民体育大会から初めて空手道の型の競技を実施し、その型を首里系から、パッサイ、チントウ、クーシャンクー、ジオン、那覇系から、セーシャン、セーインチン、セーパイ、サイファー、計八つの型が指定された。吾々は江里口専務時代より名称のみの指定だと承って居たが、型試合が型の名称だけでなく既存の特定の流派の型をその儘《まま》指定し実施されたので今年の島根国民体育大会において初出場の沖縄県は大きなショックを受けたのであります。この指定型は決して全日本空手道連盟の創作した型ではない。云わば借りものの型であった全く情けない次第です」

続けて、沖縄の立場と要望が明記される。

「沖縄県空手道連盟は、それに対して、理解し兼ねますので次の意見を具申して、貴連盟の理事会に於いて虚心坦懐に協議されて善処方を強く要望するものであります」

「吾々は空手発祥の地としてその伝統を正しく守り後世に残す責任と誇りとを強く堅持して現在に至って居ります。然し吾々はスポーツとしての空手も時代の要請であり、これが発展に協力を惜しむものではありません。又、吾々は空手発祥の地であり、その長い伝統に居坐って尊大振って居る者でもありません。ただ、吾々は空手をスポーツ化する為めにはどこまでも理に適うた方法で実施に移して貫いたいと強く要望するものであります」

その後は、柔道と剣道がスポーツに移行する過程で多くの時間を費やして行われた歴史をひもとき、空手においても「主体性のある統一型を関係者に計って創案される事を心からお願ひする」と訴えていた。ここでいう「関係者」には、沖縄の空手家が含まれることは言うまでもない。そうすることで「沖縄古流の形と新しい本土の型とに交流が生まれ、日本空手界に温故知新の実が結ばれるでありませう」と結んでいる。

長嶺が意見書で求めた最大の眼目は、「統一型が出来る迄は型の名称のみにとどめ、型試合を実施されます様重ねて強く意見を具申する」という点にあった。

空手発祥地の沖縄もまじえ、納得のいく形で統一型を制定し、それまでの間は指定型は名称だけにとどめるようにしてほしいとの要望だった。

これに対し、全日本空手道連盟は十二月上旬、中央技術本部で常任委員会を開催し、指定型について検討した。高木房次郎本部長名の返答書は、翌八三年一月十日付で返送された。

「現在の指定型については、国内、国民体育大会のみの問題でなく、国際的な型競技にも関連しており苦慮し決めたものです。当連盟といたしましても現行の方法が最良とは断定はいたしておりませんので将来に向っては御意見の方法もあるやと考慮しております」

この文面では、型競技の方法については、国内だけで決められる問題ではなく、国際競技ルールとの関係で決める必要があるとの立場を強調している。その上で次の結論を述べていた。

「然しながら競技として国民体育大会を推進してまいる上からも型の順序については現行を維持し、他面で自由型を採用し継続いたします」

つまり、長嶺らの要望は拒絶される形となった。沖縄側から見ると、釣った魚にエサはやらないとの全空連側の態度がはっきりしたように映った。

〈だまされた〉

地元の反対を押し切って信じる方向へと組織のカジを切ったはずの長嶺らは、このとき大きな〝心労〟を抱え込む形となった。当初は五年後の海邦国体まで長嶺中心の体制で進む公然たる了解もあったはずだが、就任から四年もたたずに海邦国体の一年半前、自ら会長職を辞任することにつながる。体調不良を理由にしたものだったが、内容は、精神的なうつであった。

会長職を投げ出す

八五年三月、愛弟子の一人であった新里勝彦《しんざとかつひこ》が琉球新報紙上で「沖縄の空手」と題する伝統空手の立場からの連載を開始した。武人というだけでなく、大学教員でもあった新里のこの連載は、松林流の人材の幅の広さを示すものだったといえる。十四回に及ぶ連載の中で、数年前の出来事である「空手の琉球処分」について、新里は短くこう記した。

「沖縄空手は二分し、結局賛成派が『競技空手』の軍門に降《くだ》ることで不幸な決着をみた」

特に悪気があったわけではない。当時の沖縄伝統空手の立場に立つ空手家は、同じ考えを持つ者が多かった。ただこの措置を中心的に進めたのが同じ松林流を主宰する長嶺であったという事実が、「軍門に降る」との五文字によって異変を引き起こすことにつながった。

新里は長嶺に呼び出され、真意をただされることになる。新里は新里で、自分の師匠の顔に泥を塗ってしまったかもしれないとの気持ちがあった。

「先生にご迷惑をかけるのであれば、自分から身を引きます」

長嶺から直接「破門する」といった言葉があったわけではなかった。その後、掌中《しょうちゅう》の珠《たま》ともいえる弟子を、自らのメンツのために失った後悔も芽生えたようだ。市議会議員だった息子の高兆《たかよし》が「戻ってきてくれませんか」と何度か頼みに来たことがあったという。

翌八六年の冒頭、長嶺は松林流の宗家を息子の高兆に譲り、高兆が「代行館長」に就任した。四月には、任期の途中で県空連の会長を降り、半ば強制的に副会長であった小林流の宮平勝哉と交代した。やむなく第二代会長に就任した宮平は、「国体まで（会長職を）続けてほしかった」と述懐したが、当然の心境であっただろう。

同年六月、長嶺は二冊目の著作『史実と口伝による沖縄の空手・角力名人伝』を発刊した。六年以上前に「沖縄タイムス」に連載した内容をまとめたものだったが、一冊目とややニュアンスの異なる点が生まれた。条件つきながら、競技を容認する立場に変わっていたことだ。次のように記述している。

「今日の空手ブームをただ手ばなしに喜べない問題が出てきている。すなわち空手道の原点が見失われて極度にスポーツ化されてしまったことである。競技化一本の『見せる空手』になったため、空手の特徴である、形を中心に、老若男女を問わず誰でも稽古のできるはずのものが、若者だけの一時的な専有物となり、本場沖縄の本来の空手が今や危機に瀕していることである」

ここまではこれまでのスタンスのままといえる。やや変化したように見えるのは続く以下の部分である。

「私はしかし、競技の試合空手を決して全面的に否定するものではない。日本本土の空手界、世界の空手界がどうであれ、形を軽視した自由組手のための自由組手であってはならず、空手の原点である形を生かすための自由組手にならなければならないといっているのである」

このくだりはここ数年の長嶺の行動によって変更を余儀なくされた部分とも思われる。ちなみに本書で序文を寄せたのは、船越義珍のいとこの子である船越義彰《ふなこしぎしょう》（一九二五－二〇〇七）だった。義彰は空手こそやっていなかったものの、沖縄出身の文筆家として知られ、辻や対馬《つしま》丸《まる》事件に関する著作があった。その義彰が十代のころ、那覇市内の写真館の展示コーナーに飾ってあった長嶺の上半身裸体の写真を、すばらしいものと回想している。

会長時代の長嶺にとっての朗報は、高校教員であった佐久本嗣男《さくもとつぐお》（一九四七－）が、九州大会で優勝を果たし、その後、オランダで開かれた第七回世界空手道選手権大会で初優勝した事実に接した八四年の出来事くらいだろう。佐久本は沖縄県出身で、日本体育大学に陸上競技の選手として入学するかたわら、代々木にある剛柔流の道場で空手を修業した〝二束の草鞋《わらじ》〟を履いた選手だった。卒業後、沖縄に戻って高校教師となり、赴任した学校の空手部で指導した。もともと競技を志向していたわけではなかったが、空手部の生徒らに範を示す目的で自ら積極的に試合に出場するようになった。勝つために毎日欠かさず稽古を行った結果が、三十六歳で手にした遅咲きの世界一だった。

翌年、ロンドンで開催されたワールドゲームズでも優勝し、二度目の世界制覇を果たした。

以後、八九年までに佐久本は世界七冠（世界選手権三連覇、ワールドゲームズ二連覇、ワールドカップ二連覇）を達成する。

その間、二度の世界制覇を達成した段階で、佐久本は八五年の鳥取国体に初出場し、型の男子個人で見事初優勝を果たした。これが沖縄出場選手の国体の空手競技における初の日本一の栄冠となった。

それでも佐久本は八七年の沖縄海邦国体の代表選手には選ばれなかった。そこには「世界一」よりも〝険しい峰〟といわれた「沖縄一」の壁が立ちはだかっていたからだ。

強化選手の奮闘

現在、県空連の第八代会長を務める平良慶孝《たいらよしたか》は、長嶺将真門下の高弟の一人だ。もともと連盟発足時から選手強化の担当になっていたが、それまで伝統空手を行ってきた立場であり、競技用の指導経験はほとんどなかった。

空手の競技には、オリンピックと同様に、「形（型）」と「組手」の二種目の競技がある。型は決められたものから選んで演武し、その力強さやキレを見せる。見栄え重視の傾向が生まれやすく、実戦用の護身術として発生した本来の空手とは、かけ離れる傾向が否めない。同じことは組手でもいえる。

もともと護身目的の空手に「禁じ手」などなかった。そのまま使えば相手を殺傷する「目突き」や「金的蹴り」の動作も自然に含まれた。だが試合で使えば、けが人が続出することにつながりかねない。必然的に安全上の理由から、やってはいけない動作が定められ、試合そのものがスポーツ化、形式化した。沖縄空手界が分裂することにつながったのは、この実戦に即した空手を残していくべきとの考え方によるものだった。競技に手を出せば自分たちの空手が〝変質〟してしまいかねないとの根強い危惧があったからだ。

一方で剣道や柔道と同じく、競技化、スポーツ化することによって一般大衆への理解が広まり、競技人口が増える側面は否定できなかった。長嶺は空手だけでなく、警察官時代に柔道と剣道でも段位を取得し、そうしたメリットを見据えた判断もあったはずである。

沖縄の空手が国体競技に参加することは、本土の空手界が組み立てた「別の競技」に遅れて参入するようなものだった。似て非なる競技に向かう心境はどのようなものだったか。その後、十五年にわたり沖縄県空手選手団の国体監督を務めることになった平良は次のように語る。

「もともと型では沖縄独自のものがありましたし、そこで負けることは許されないという自負がありました。佐久本選手が国体の型部門で優勝し、これならいけるという雰囲気も出ていました。問題は組手の競技でした。沖縄の伝統空手では、本土の組手は未知の分野でしたから、そこが大きな課題でした」

目をつけたのは、沖縄県出身者ながら、本土の大学などに進学し、競技組手の練習を行い、すでに試合などで実績を示していた選手の存在だった。その一人が、沖縄出身で剛柔流空手を習い、本土の大阪商業大学に進学し、競技空手で活躍していた翁長勇助《おながゆうすけ》（一九五六－）だった。八五年、佐久本が沖縄勢として初優勝を果たした同じ鳥取国体で、翁長も組手の重量級部門で日本一になっていた。ただしこのときは鳥取県の枠内からの出場で、沖縄県の成果としてカウントされたわけではなかった。沖縄が二年後の地元国体を迎えるため、沖縄県から再度出場するよう翁長に声をかけたのは当然の成り行きだったといえる。

すでにそのころ、二年後の海邦国体をめざし、強化練習がスタートしていた。週に五、六回、平日と特に土日と祝日を使い、時間を惜しむように稽古が続けられた。学生を除き、ほぼ全員が社会人である。高校の武道場などを拠点に、連日の稽古が続けられた。総監督（男子監督兼任）となった平良は、自由な時間は仕事を除いてほとんどなくなったと振り返る。

「家はほぼ母子家庭のような状態になりました」

選手は平日の稽古が夜十時に終わっても、監督やコーチらはその時間から分析の時間が始まる。平良が家に着くのはほぼ毎日、午前一時近くになっていた。それから就寝し、翌朝仕事に向かう。設備関係の仕事を終えて、再び練習場に赴く。そうした生活が海邦国体まで休みなく続いた。しかも背中には「必勝」のプレッシャーが重くのしかかった。発祥の地である空手が、沖縄で行われる国体で勝利できないとなれば、それは即座に責任問題として返ってくるとの不安から離れられなかった。県民からの期待と責任を一身に感じながらの日々だったと振り返る。

そのころ懸案となっていたのは、成年男子の型部門の代表選手をだれにするかという問題だった。すでに佐久本嗣男は八四年、八五年と世界大会で連続優勝していたほか、八五年の国体にも初出場し、日本一の栄冠を手にしていた。一方、剛柔流の宮里栄一の愛弟子であった喜《き》久《く》川政成《がわまさなり》（一九四六－）も、八四年の国体に出場し、惜しくも準優勝ながら好成績を残していた。八七年の海邦国体の出場選考は、通常ならその直近で行われる沖縄県大会および九州大会の結果を考案して行われるはずだった。この二つの大会で優勝していたのは実際は喜久川だったからである。そのため、喜久川も自分が出るものとして練習を続けていた。どちらが出場してもおかしくない大会で、二人は内心、悶々と稽古を続けた。だがそうした心中が外から見えることもなかったようだ。当時の関係者は振り返る。

「二人は非常に仲の良い関係でした。稽古も一緒にされていたし、ライバルといった感情を感じたことは一度もなかったです」

喜久川は後年、こう語っている。

「私は辞退したほうがいいのかどうか迷いながら稽古を続けていました。あるとき、先生（筆者注：宮里栄一）から懇願されるように言われた言葉で決心が固まりました。沖縄の型をそのまま見せてくれればいい。頼むから出てくれ」

それまでだれにも頭を下げたことがないと思われた師匠の言葉だった。この言葉を受けて、喜久川の気持ちは固まったという。それまで行っていた朝一時間三十分の道場での朝稽古を連日、続けた。喜久川の職業は警察官。出勤前に九十分の稽古を続けるのは一週間くらいならだれでもできるが、継続できる人はほかにいなかったという。稽古には必ず師匠の宮里が空手着姿で付き添った。

「やはり先生が見ているのといないのでは気持ちの入り方が違います。とにかく、怖いという先生でしたから。さぼろうとか楽をしようという気持ちはまったく出てきませんでした」

その喜久川も、沖縄の選手は勝って当然という県民からの期待と重圧を感じながら、緊張で押しつぶされそうな日々を過ごしたと語る。そうして運命の八七年十月が巡ってきた。

空手発祥地の威信示す

全国一巡の最後を飾る第四十二回国民体育大会（秋季大会）の開会式は十月二十五日、沖縄県総合運動公園（沖縄市）で開かれた。午前中の集団演技では三万人の観客が見守る中、十九の流派・道場などが参加した八百人の空手家による集団演武が行われ、長嶺将真が考案した「普及型Ｉ」などが一斉に披露された。

肝心の空手競技では、結論からいうと、型部門は成年男子、成年女子、少女の全三種目でトリプル優勝。一方の組手は軽量級と超重量級の二種目で「金星」ともいえる優勝を果たし、九種目中五種目を制覇した。さらに総合（空手）でも優勝し、六冠の成績をたたき出した。大勝利だった。

型の男子は喜久川の初優勝。一方、女子の型は二人とも佐久本嗣男が手塩にかけた弟子だった。佐久本は自ら出場することはなく、喜久川にその席を譲ったが、代わりに二人の弟子を優勝させる〝陰の働き〟で貢献した。

組手で優勝したのは、超重量級（無制限）の翁長勇助。翁長にとっては二度目の国体優勝となったが、優勝までの道のりは平たんではなかった。一方、ダークホース的存在となったのが宮城《みやぎ》敏也《としや》（一九六四－）だった。

宮城も沖縄県出身ながら、中学・高校を熊本県で過ごし、競技空手の道を歩んでいた。福岡県で大学卒業後、沖縄に戻って高校教員となり、国体で日本一を目指すことになった。宮城の優勝にはさまざまなエピソードも生まれた。

大学時代、福岡教育大学で空手部に入った宮城は、海邦国体の決勝戦で、同じ大学で自分を指導してくれた先輩（元コーチ）と直接対戦することになった。しかもその試合を裁くことになったのも、出身大学の師範であり恩師だった。宮城は振り返る。

「強化練習ではその当時の最新の分析といいますか、コーチ陣らによる綿密な指導がありました。稽古する相手も自分より体の大きな選手ばかりでした。そのせいか、自分でも思いもよらないくらい強くなっていたといいますか、上達が感じられ、決勝では緊張すると

沖縄海邦国体の記念誌

いうよりもむしろ楽しみながら持てる力を存分に発揮できたという印象でした。その意味でも思い出に残る試合となりました」

空手発祥地の威信をなんとか保つことができたことを、だれよりも噛み締めたのが総監督兼男子チーム監督の平良だった。翌日、たまった疲労と喜びに包まれた体で、監督の辞任を告げに行ったところ、まだ辞めないでくれと慰留されたと平良は話す。

「ともかく県民の期待を裏切らずに済んだことが何よりでした」

この思いは、喜久川政成もまったく同じであったという。

「佐久本さんと比べると、私の型は地味なものでした。それでも（宮里）先生からの、沖縄の型を見せてほしいとの言葉を忠実に守りました。とにかく愚直に型を演じました」

国体終了間際に記者会見に臨んだ西銘順治知事は、次の言葉で喜びを表現した。

「沖縄の戦後は終わりを告げた」

一方、このころの長嶺将真は体調を崩し、会場には姿を見せないままだった。当然ながら、その場で優勝を直接称えられた選手もいない。監督の平良自身、後になって「よく頑張ったな」と言われた記憶が残っているくらいだ。

長嶺が稽古の指導を行わず、家族以外の人間ともほとんど会わなくなっていた期間は、海邦国体を挟んで三年近くに及んだ。私はこういうところにも、長嶺の強さと弱さを併せ持つ人間らしい側面を見る思いがする。

自ら進めた行動が失敗とわかったとき、自責の念からとしか思えない精神状態に陥り、体調を崩した。家族に尋ねると「それほど重いウツではなかった」との言葉が返ってくるが、この間の長嶺については、身近に接していた家族と、それ以外の門弟など他人との間で、受けた印象はかなり異なる。

ともあれ、長嶺の行動が正しかったかどうかは、四十年たったいまも結論が出ていない。県空連発足から十年となった時期に長嶺は次のような認識を示している。

「結局は、（筆者注：全空連に）入って良かったと思っている。若い選手が本土に行って試合も出来ないということでどうであったかなと思うと、あの時の苦しい思い出が、耐えて良かったなという気がしている」（沖縄県空手道連盟『創立十周年記念誌』）

県空連発足当初から、国体だけでなく、将来は「国体以上の大規模な世界オリンピックにおいても空手道が競技種目として登場する場合に備え、県内の空手人は日々研鑽、鍛練に努力する」（「沖縄タイムス」八一年九月七日付）と申し合わせた当時の沖縄空手界。そのオリンピックの空手競技が、沖縄県空手道連盟の発足からちょうど四十年後の二〇二一年八月に、東京で行われるリズムとなったことは不思議な符合に思えてならない。

第九章　沖縄空手界の再統一へ

救世主の出現

一九八〇年代の沖縄空手界は〝分断〟を余儀なくされたままだった。国体参加の名目でできた競技用の組織「沖縄県空手道連盟」は、本土空手の一角に参入し、一方の「全沖縄空手道連盟」は沖縄の伝統空手を引き継ぐ自負を持っていた。互いに嚙み合うことはないままだった。

分裂時の責任者であった長嶺将真と八木明徳《やぎめいとく》は、このころ互いに顔を会わせる機会もなくなっていた。かといって二人の心には、このままではいけないとの意識も芽生えていたようだ。

そんなころ、地元空手界をもとの形に戻したいと考えた新聞人がいた。琉球新報記者を三十年近くつとめ、同社広告局でイベント担当として動き出していた濱川謙《はまかわけん》である。

「最初に相談したのがあのころ一番長老であった長嶺先生でした。長嶺先生から『これは自分も悩んでいたことだから、ほかの人にも話を回してごらん』と言われたのを覚えています。最初に名前があがったのが、八木明徳先生でした。私が引き揚げるときに長嶺先生から『これはいいことだよ』とおっしゃっていただきました。『もう一度一緒になることはいいことだよ』

と言っていました。それが始まりでしたね」

八木明徳の家を訪ねると、八木もそのころ、空手界がこのまま分裂したままではいけないとの気持ちを抱いていた。

「比嘉佑直《ひがゆうちょく》先生のところにも行きまして、『こんなことに反対する人はいないよ』と言われまして、思いは一つなんだなあと感じたことを覚えています」

あるとき八木に空手団体の会長になってほしいと濱川が懇請すると、八木はこう言って断ったという。

「マチューが引き受けないものを私が受けるわけにはいかない」

口をきくこともなくなっていた二人の関係だったが、八木は長嶺のことを親しみをこめてマチュー（長嶺の幼名）と呼んだ。このころ残る四天王の一人であった上地完英《うえちかんえい》は体調を崩し、会うことはかなわなかったという。

「空手武芸祭」のような企画を考えたのは当初は県の観光開発公社だった。だが企画はいつしかお蔵入りし、絵に描いた餅となっていた。濱川はこれをよみがえらせようとした。濱川は自ら空手を行っていたわけではなかったが、沖縄が誇る文化のはずの空手が、いまだスポーツとしてしか認知されておらず、県内で文化という位置づけがなされていないことにも着目した。

濱川は初めて空手界の長老を集めた際の光景が忘れられないという。だれかが、「横を見ると憎たらしい顔があるので、上を向いて行こう」などと前向きな言葉を述べたことを印象深く記憶している。実際そのころの空手界の雰囲気はそのようなものだった。
互いに何度か顔を合わせる中で、当初のギスギスした空気も幾分安らぐようなところがあったようだ。幸いしたことは、濱川に将来像を描く構想力や企画力が備わっていたことだった。空手家たちが「武芸祭」という共通イベントのもとで共に汗を流す中で、凍りついた互いの信頼醸成を図り、雰囲気を変えていく意図があった。

一九八八（昭和六十三）年夏のことを濱川はこう回想する。

「武芸祭を前に進めるということになって、会派長の皆さんを含め百人以上で大宴会を行ったことがあります。場所はハーバービューホテルの大広間でした。そこで長嶺先生にも、八木先生にもごあいさつしていただいたのですが、長嶺先生は一休和尚の『分け登る 麓《ふもと》の道は多けれど 同じ高根の月を見るかな』といった和歌を持ち出して、それぞれの歩む道がいままで違っていたとしても空手のためにという目的は一つですよというようなことを述べられた。一方の八木先生も論語の中の和して同ぜずの一節を用いて、守るべきものはきちんとスジを通さなければならないということを主張されました。私はそれまで、いったん分裂させてしまった組織を再統合するのは至難の業だと思っていましたが、お二人の話を聞いて、絶対にできないことではない、できるのではないかとの気持ちになりました」

最初の武芸祭が開催されたのは一九八九年三月。主催は沖縄県観光開発公社と沖縄県体育協会だった。競技主管は沖縄県空手道連盟で、特別協力として全沖縄空手道連盟と琉球新報社が名を連ねた。そこで長嶺は自ら、泊手の型ワンカン（王冠）を演武している。それに先立ち、二月には船越義珍《ふなこしぎちん》の縁戚である船越義彰《ふなこしぎしょう》を招いた講演会が「空手フォーラム」として開催され、長嶺はそこで会場から競技空手に異論を述べる発言を行っている。競技空手を自ら主導してきた当の責任者が、それまでと違った発言を行ったことに面食らった空手家もいたことだろう。

第１回武芸祭で王冠《ワンカン》を演武する長嶺（1989年３月）

長嶺としては、本土の空手の中にあえて分け入り、そこから沖縄空手を広げていくとの理想論があったが、机の上の空想にすぎなかった。当初の目論見《もくろみ》が外れてしまったことが明らかになっていた。

長嶺自身、あの判断は間違いだったと、濱川に率直に認めたこともあったという。

「空手家が相手だったら言えないようなことでも、部外者の私には言えた面があったかもしれません。年齢も三十以上離れていましたし、話しやすかったと思います。午後三時ごろになると決まって電話がかかってきて、いまから来ないかと誘われるのが通例でした。先生のところにお邪魔して、茶飲み話を繰り返すのですが、そこで先生のさまざまな思いや考え方に触れることになりました」

長嶺としては、虎穴に入らずんば虎子を得ずとの希望的観測を抱いていたものの、実際は肝心の「虎子」の中身が自分でも明確になっておらず、そもそも見えていないものを求めて行動したところに間違いがあったと考えるようになっていたという。

八九年三月の「琉球新報」を見てみると、「武芸祭」はかなり大がかりなイベントとして開催されたことがわかる。

ゆるやかな統一組織「懇話会」

再統一にむけた流れをつくることに苦心した濱川は、当時、琉球新報社広告局次長の立場にあった。海邦国体が終わってまもなく、「第一回武芸祭」を開くために関係者回りを始めたことは既述のとおりだ。このころ長嶺はうつ状態から完全に抜け出し、新たな目標を持ちかけていた。自身で手掛けた地元空手界の分裂を、修復することに後半生を使うことになったからである。

このころの長嶺の日課は規則正しく午前五時に起床、朝稽古のあと、昼食をとるとしばらく昼寝。少し寝てから午後の活動を始めるというものだった。渦中の一九八一年に、学生時代に長嶺道場に入門した賀数淳《かかずあつし》（一九五九–）はこのころの長嶺の様子をこう語る。

「先生の晩年、私が朝稽古に行くと『カカズ君、足をちょっとつかまえて』とよく腹筋の補助を頼まれました。何回やるとは言わないで先生が始めるので、十回くらいかなと思って足をつかまえていると、足を曲げて五十回くらいは普通にやっていました。あれはすごいなと思っていました」

長嶺は七十代を超えると、口ぐせのように語る言葉があった。

「まだ足りぬ　鍛えこなして　あの世まで」

空手は死ぬまで技の研究に終わりがないことを自分に戒めていた。当時、長嶺家は七九年ごろ道場に隣接してつくった雑貨屋「長嶺商店」で生計を立てていたころだ。

話を戻すと、八九年三月の「第一回武芸祭」が成功裏に終了すると、この方向を続けていくことが肝要となった。結局、武芸祭は長嶺が亡くなる前年まで毎年続けられ、八九年から九六年までに計八回の実績を刻むことになる。

九〇年夏には沖縄県の主催する「世界のウチナーンチュ大会」が初開催された。移民として世界に散らばった県系人の里帰りともいえる大会で、この日程に合わせて空手道古武術世界交流祭が開催された。

四月には「琉球新報」が「空手新聞」を創刊し、新聞社あげて沖縄空手を盛り上げる方向性が明確になった。この新聞は取材、編集、広告の一切が濱川に委ねられ、その後、独立した新聞として三十年間発行された。

「世界のウチナーンチュ大会」が成功裏に終わり、すぐにかねて予定していたゆるやかな統一組織づくりが始められた。名称は「沖縄空手道懇話会」。設立を呼びかける会合は九月二十日に開催されている。

「沖縄空手道懇話会」の設立総会は十二月八日、パレス・オン・ザ・ヒル（現ザ・ナハテラス）を使って開催された。ここには八〇年代に対立を続けた二つの空手団体の関係者が含まれていた。さらに知花朝信《ちばなちょうしん》が「こんごは上部団体をもつな」と言明して組織から抜けた後、どの組織にも属してこなかった小林流の仲里周五郎《なかざとしゅうごろう》（一九二〇－二〇一六）ら知花門下も参加した。

この時点で沖縄空手界は、いったんはゆるやかな形で再統一を果たす結果となった。長嶺将真、八木明徳、比嘉佑直、上地完英の四天王全員がそろって副会長として名を連ねる組織だった事実からもそのことは明らかだ。

それでもこの懇話会設立に向け、長嶺をはじめ八木たち空手家が濱川からの会長就任要請に首を縦に振ることはなかった。十年間のいきさつがそうさせたことは明らかだった。途方にくれた濱川が目をつけたのは、空手とは直接関係のない経済界の人びとだった。その結果、初代会長を経済人の田場典正《たばてんせい》に頼むことになる。琉球銀行の頭取で、商工会議所の会頭を務める人物だった。さらに数人の経済界の重要な人物が加わった。

「午後二時ごろだったかなあ。頭取室はクーラーがぎんぎんに冷えていて、たいへん涼しかった感覚をいまも覚えています。そこで頭取に会長を引き受けてほしいと率直に切り出しました。田場さんから『僕は空手は力の字も知らないよ。そんな僕に引き受けろというからには、お膳立てはすべて君らがやってくれるという前提か』と聞かれました。一瞬、返答に詰まったのですが、腹を決めて『わかりました。雑用については一切私どもが責任をもってやりますから、会長は旗だけ振ってください』と申し上げました。田場さんからは、マスコミを味方につけろ、経済界だけではダメだから学識者も入れなさいなどさまざまな具体的な指示がありました。さすが経済人の目のつけどころは違うなとそのとき感じましたね。田場さんは企業を空手界のバックにつけないといけないということを見抜いていたわけです。これで最高の形ができたと思いました。空手界の四巨頭の先生たちには同じように副会長についてもらいました。統一組織ができたのが九〇年暮れの十二月八日でした」

以後、歴代会長は経済人グループから選ばれる。九八年から沖縄県知事を務めた稲嶺惠一《いなみねけいいち》もその一人だった。元琉球大学学長の東江康治《あがりえやすはる》（一九二九－二〇一五）も三代目の会長を二期つとめた。

「これは後でわかったことですけども、田場会長と長嶺先生はもともと知り合いだったのです」

空手家とは異質ともいえる人びとが加わったことにより、はからずも会の運営は透明性を増すことにつながった。加えて、当初掲げた戦略性の高さにはいまさらながら驚かされる。すでにこのとき、「空手の日」の制定、空手会館の建設、世界大会の開催、空手家の無形文化財の指定など、これまで実現されてきたことの多くが含まれていた。「戦略目標を高く、具体的に掲げれば、統一は進展すると考えた」と濱川は後に語っている。

その意味でも一九九〇年という年は、沖縄空手界においてターニングポイントとなった年と位置づけられる。ただ組織間の感情的なもつれは、その後もさまざまな形で噴出した。

懇話会が結成された時点の沖縄県空手道連盟の会長は第三代の宮里栄一《みやざとえいいち》だった。雲行きがおかしくなり始めるのは、ある総会におけるボタンの掛け違えによるものだった。宮里は、自分の組織の運営がなかなかたいへんで、懇話会の会費を支払うのもままならない事情を理解してほしいといったことを口にした。この発言に烈火のごとく怒りを示したのが当の長嶺だったという。長嶺にとっては、自分の直系ともいえる後輩に手を噛まれた事態に映ったようだった。このときの荒れた総会の様子を、濱川はいまも鮮明に覚えている。

「あの温厚な長嶺先生が、両手で机を激しく叩いて怒っておられました。宮里会長が連盟は金がないので会費を払えないと言うのです。当時、経済界の援助があって、年会費は一つの団体で一万円程度。個人でも払えるくらいの金額なのに、払えないとは何事かと長嶺先生は非常に憤慨しておられました。おそらく、宮里会長の裏には全空連との関係もあったかもしれません」

事実このころ、沖縄在住の空手家で全空連の理事に名前を連ねていたのは宮里栄一だけだった（九三年四月に退任）。しばらくたつと、県空連は懇話会から脱退の構えを見せるようになった。ただし正式な脱会届は最後まで出なかったという。県空連の創立者である長嶺のメンツを立てたということだろう。形式上は脱会しないままだったが、会合やイベントへの参加は一切なくなった。

県空連が懇話会から事実上抜けた後も、長嶺は死ぬまで、懇話会とその後継組織となる連合会に席を置き続けた。県空連が抜けてしばらくたった後、全沖縄空手道連盟もそこから抜けることにつながった。懇話会の当初の試みは〝空中分解〟の様相を呈する。八木明徳も、長嶺と同じく、後輩に自らの手を噛まれた形となった。皮肉なことに二人は、最後まで連合会の最高顧問（元老格）としてとどまることになる。

「長嶺先生には統一再生ということに特別の思いがあったんですね。その後も統一の旗を振っていくのは連合会があれば大丈夫とおっしゃっていました。お亡くなりになるまで連合会の最高顧問をやっていました」

この間も、「武芸祭」は毎年のように開催される。

九一年二月、上地完英が亡くなった。この年の夏、空手界初の講座となる「流派に学ぶ」が懇話会や琉球新報社の主催で連続八回行われ、八木や長嶺がスピーカーとなって過去の歴史などを振り返った。

九二年になると、その後三十年近く沖縄のシンボルとなる首里城正殿を含む主要部分が復元完成し、十一月三日に奉納演武が開かれた。長嶺も自ら空手着をまとい、すでに他界した上地完英を除く四天王三人と、上原清吉《うえはらせいきち》（一九〇四－二〇〇四）、宮平勝哉《みやひらかつや》、仲里周五郎を加えた六人が演武台に立った。

九三年には琉球新報社に沖縄空手道功労賞が創設され、その第一回の受賞者として、長嶺、比嘉、八木の三人が選ばれた。戦後の沖縄空手界の復興と発展を背負った四天王への顕彰ともいえた。県として早く無形文化財指定を認めてほしいと考えた濱川らが、自分の会社から先に功労賞を出したというのが真相だった。濱川には沖縄空手界に貢献してきた長老を生きているうちに顕彰したいとの気持ちが強くあったという。

この年（一九九三）の四月、懇話会は発展的に解消され、「沖縄県空手道連合会」として再スタートする。当初の統一組織としての構想から、一つの空手団体に戻って再スタートする形となった。長嶺も八木も、副会長としてこの組織を支え続けた。

空手以外の悩み

第一回武芸祭に前後して、八九年は長嶺家にいくつかの重要な変化が生まれていた。

この年の二月、長男・高兆《たかよし》と十三年連れ添ったマサ子が家を出ていった。残った孫を育てる母親代わりとなったのは、祖母のヨネと、近くに住んでいた高兆の妹・道子である。

この年の七月、三回目の選挙となった那覇市議選で、高兆は初めて落選した。次点で十四票差という僅差の敗北だった。三十二年前の夏、父親の将真が当時の瀬長亀次郎《せながかめじろう》市長に勝負を挑んだ市議選で、わずか八票差の次々点で落選したのとよく似ている。将真との違いは、その敗北で引き下がらなかったことだ。次の選挙にも挑戦し、長嶺家に残ったわずかな資産を食いつぶす結果となる。

高兆の三歳年下の道子は、この年の十一月、久茂地に小料理屋「郷《さと》」を開店させた。その店に将真は小学生に上がったばかりの孫・美代子《みよこ》を連れてたびたび顔を見せたという。開店前に二人で姿を現し、最初の客が来ると徒歩数分の距離にある自宅に引き揚げるというのが日課になっていた。

店の開店日にも、長いカウンターの一番奥で、将真は一人静かに杯を傾けていたと常連客の一人が証言する。娘の商売の様子がかなり心配だったようだ。

長嶺にとって空手を除く唯一の悩みといえば、後半生のそれは長男の高兆のことだったといえる。沖縄戦の最中、母親のヨネのお腹で爆弾の音を胎教として育ったせいかどうかはわからないが、温厚な将真と比べ、高兆の性格は正反対だった。

長嶺は自らの後継者に育てようと、小学一年生のときから空手は〝直伝〟で教えてきたが、その破天荒な性格は変わらなかった。松林流の古い門下たちにも、高兆が父親の将真にぞんざいな口のきき方をする場面に出くわした人は何人もいる。門下には長嶺が長男を甘やかしすぎた結果ととらえる人もいた。

一時期、米軍基地で勤務した高兆がトラブルで死にそうな目にあったことがある。アメリカに雄飛したいとの希望を持った高兆を将真が見守る側に立ったのは、すべてを含んだ結果であったと思われる。実際、海外支部の建設という意味では、高兆は多くの実績を残したからだ。

偶然にも中学時代、高兆と同級生だったのが、八木明徳の長男・八木明達《やぎめいたつ》（一九四四－）だった。明達も高兆と同じく著名な空手家の父親を持ち、自らも海外で空手普及に取り組んだ同じ経験を持つ。八木が語る。

「生まれは私が一年早いですが、小学校時代に病気をして六年生を二度やったため、那覇中学で高兆と同級生でした。同じ同級生に、いまでは空手衣のメーカーとして有名になった守礼《しゅれい》堂《どう》の創業者、中曾根健三君や比嘉佑直先生の長男もいました。高兆と同じクラスになったことはなかったのですが、終生、行き来はありました。中学の同窓会で顔を合わせた後、二人で飲みに行ったり、彼が市議会議員のころにも二人でカラオケに行ったことがあります。高兆は鶴《つる》田浩二《たこうじ》の『傷だらけの人生』が十八番で、私はフランク永井や石原裕次郎《いしはらゆうじろう》が定番でした。上地流の三代目の完明さんとも全沖空連（筆者注：全沖縄のこと）で仲がよかったので、三人で空手の二代目連合会をつくろうと冗談を言い合ったこともあります。父親同士の組織が分かれてしまった関係で、会う回数は減っていましたが、それでも長嶺道場の近くを通れば、『高兆いるか』と声をかけるくらいの関係はありました。彼が早く亡くなったのは本当に残念なことでした。二代目連合会をつくろうと語り合ったのに、いまも生きているのは私だけになってしまいました」

一方、新制となった小禄高校時代に同級生となったのが田島一雄《たじまかずお》（一九四七－）だった。

「高校時代の高兆は英雄的な存在でした。学校のルールに従わず、厳しい校風を平気で無視するところがあった反面、友情を大切にし、学内の生徒からは人気がありました。そのころからケンカが強く、多くの武勇伝をもっていました。私が空手を始めたのも彼の勧めによるものです。高兆は高校で空手クラブを創設しました。私はそこに入らず、長嶺道場に入門し、稽古をしました。大学に入ったときも互いに上京し、私は左翼的な学生運動に参加しましたが、彼は三島由紀夫に傾倒するなど、右翼でした。それでも空手のつながりがあったので、政治的な立場にとらわれず、その後も親しく付き合ってきました。彼の空手のセンスはピカ一だったと思います」

高兆は縁あって結婚したが、日頃はひょうきんでユーモラスな行動も見られた反面、酒を飲むと豹変する家庭内暴力に家族たちは悩まされた。別れた元妻のマサ子は私の取材に次のように語った。

「そのたびにお父さん（筆者注：将真）に助けられたという思いが強かったですね。将真さんは家の中では全然偉ぶることがなく、私たちにも優しかった。結婚するときも、まずお父さんに優しくされて、この家ならと決められました。お酒を飲んで当たられてどうしようもなくなると、お父さんのところにかけこんで。お父さんはそのたびに『すまないね、すまないね』と私のことを庇《かば》ってくれました。『二人で治していこうね』と話してくれました。お父さんにとって唯一の悩みだったかもしれません。私がしっかりしていないからこうなると自分を責める気持ちが強くなって、お父さんに相談することなく（離婚の）手続きをしてしまいました。後で言われたことが、もう少しだけ耐えればもっといい未来があったのにということでした。あんなに一緒に頑張ろうと言っていたのにと、お父さんの気持ちを裏切ることになってしまった後悔はいまもあるのです」

影響は子どもたちにも及んだ。長男の文士郎《ぶんしろう》は必然的に空手が嫌いになった。嫌いになっただけでなく、いつかは父親に報復する日が来るだろうと、アマチュアレスリング部に入り、高校時代は国体選手に成長した。

高兆が父親の将真に、ある種のコンプレックスを抱いていたことは確かだ。空手界の偉大な父、身長も自分のほうが低かった。八一年に小禄高校の同級生らに押される形で那覇市議会選挙に初めて出馬したのも、親の背中を超えたいとの思いもあったからと思われる。運よく連続当選を果たしたが、父親が歩んだ道と同じく、稽古のための時間は十分にとれなくなり、飲み屋のツケがたまるなど、生活は荒れた。

高兆は二回当選後、二回続けて落選した。二期八年を務めたが、落選した選挙では、長嶺家に残る不動産をすべて売り払う犠牲も生まれた。最後に残されていた土地は、米軍が払い下げた那覇新都心地区の百三十坪の規模のものだった。将来そこに松林流の総本部道場をつくる予定で用意していた土地だったというが、高兆の選挙資金に変わってしまった。しかも結果は落選だった。

二代続けて政治で苦い経験をする形となった長嶺家にとって、将真からすると、高兆の問題は、松林流の後継者をどう着地させるかという重要問題とつながっていた。将真が生きているうちに、息子の高兆を「宗家」として認定し、新たに会長制を敷いて、縁戚関係にあった田場《たば》兼靖《けんせい》に事実上の組織運営責任者としての初代会長の就任を認めたのは、高兆には組織全体をまとめきれないだろうとの判断があったことは明らかだ。高兆を押さえられるのは年長者で親戚の田場兼靖しかいないという考えがあったからといわれている。実際、道場の実質上のナンバー2であった仲村正義《なかむらせいぎ》も同じ認識だったという。古参の弟子の一人だった玉城剛の説明によると次のようになる。

「先生を囲む黒帯だけの模合《もあい》の席で、後継者のことが話題にのぼったことがありました。そのときの長嶺先生の言葉は『みんなで決めなさい』『おかしくなったときはみんなで決めればいいさ』というものでした。結局、田場さんに後のことを任せるという形で、先生がまだお元気なうちに会長制が敷かれました。二代目は「宗家」の立場で、二頭体制となりました。田場さんは対馬丸《つしままる》事件の生き残りだし、信念の強い人で、稽古にも激しい人でした」

田場は『月刊空手道』(二〇〇六年三月号)でも大きく特集されたことのある武人だった。結果的に将真の死後、二代目宗家の時代に、松林流は田場と高兆らの骨肉の争いが生じ、他の空手流派でもよく見られる内部分裂へつながった。追い出される格好となった田場らは、自ら「松源《しょうげん》流」を立ち上げ、自分たちこそ正統の松林流と主張するようになる。

一方、高兆が継ぐことになった松林流は、第二代会長に真喜志《まきし》康陽《やすはる》を選んだ。

長嶺の死後、後を追うように長嶺道場の有力な弟子たちは相次いで他界する。番頭格であった仲村正義が九九年に他界。翌年、三羽烏の一人であった喜舎場《きしゃば》朝啓《ちょうけい》が逝去。二〇〇三年に島正雄《しままさお》も死去し、二〇一二年に田場も泉下《せんか》の人となる。同じ年、高兆も道場の隣室で亡くなっている姿が発見された。

松林流の主要な弟子たちは、早い段階でことごとく、世を去ってしまった。空手の流派をたどれば分裂する事態は特別珍しいものではない。顕著な事例は大山倍達《おおやまますたつ》が創設した極真空手だろう。だがそうなっていく要因も明確に指摘されている。空手家が経営者を兼務する日本式システムの弊害である。

例えばフランスでは空手を教える指導者と、道場経営者は役割が分離されている。その結果、空手は強いが人格的にふさわしくないといったタイプの空手家がいたとしても、空手家は経営に参画しないので、道場経営は健全さを保つことができる。空手家は空手だけを教える存在でいいのだ。フランスで柔道人口や空手人口が多いのは、こうした運営システムの違いから生まれているともいわれてきた。

ともあれ、長嶺は自らの後継体制づくりに、結果として、成功しなかった。

現在、松林流をまとめるのは国体で功績を残した平良慶孝《たいらよしたか》だ。松林流としては三代目の会長となる。

盟友の死

一九九四年は空手界にとっても特別の年となった。

四月に極真空手の創設者だった大山倍達が逝去した。奇しくも命日の四月二十六日は船越義珍の命日に当たり、船越の逝去からちょうど三十七年後のことだった。この年の十一月、長嶺の那覇商業学校の後輩であった比嘉佑直が逝去した。享年八十三。比嘉の弟子たちが二年後、遺稿集(『顕彰・比嘉佑直　究道無限』)を出版している。発行人は、宜保俊夫《ぎぼとしお》、呉屋秀信《ごやひでのぶ》、比嘉《ひが》稔《みのる》の三人。

宜保は比嘉の内弟子格の一番弟子ともいえる人物だった。呉屋は金秀《かねひで》グループの創設者で、沖縄経済界をリードした経営者だが、空手では比嘉佑直の弟子に当たった。沖縄県空手道連合会の第四代会長に就任し、二〇〇八年の「沖縄伝統空手道振興会」結成の際は、県知事を会長にするために陰で貢献した人物として知られる。沖縄の四つの空手団体の中で、連合会だけが当時は経済界から支援を受ける形をとっていた。比嘉稔は、比嘉の甥っ子で、現在、究道館を担う二代目館長だ。

この遺稿集に長嶺が寄稿した文章が掲載されている。タイトルは「喜怒哀楽を分かち合った友人」というもので、比嘉と長嶺の関係性がよく表れている一文だ。

「比嘉佑直君は那覇市立商業学校で私より二級後輩だった。在学中、私は空手、柔道を習い、彼は野球部でファーストとして活躍していた。十六歳の時には、新里仁安《しんざとじんあん》先生（剛柔流）や『テージクンブシ』（正拳突きの得意な武術家）の宮平政英《みやひらせいえい》先生の師事を受けていたが、形よりも巻藁突きに専念し、破壊力をつけていた」

那覇商業時代の比嘉は、野球に熱中しながら、空手は我流にすぎなかった。型よりも、巻き藁を一生懸命突いていた。特筆すべきことは、当初は剛柔流をやっていたことである。新里仁安に師事し、新里が沖縄戦で亡くなると、その師匠であった宮城長順《みやぎちょうじゅん》のもとへ何度も訪れている。だが戦後は知花朝信に師事し、小林流に鞍替えした。

さらに共に議員時代をすごした那覇市議会時代に話が及ぶ。

「那覇市議会では共に保守的立場で議会活動をしたが、彼は常に感情に走らず、是々非々の立場で議会運営に当たった。議員の信望も厚く、市議会議長を二期務めた」

「戦後、知花朝信先生の弟子として本格的に空手修業を重ね、昭和四十年には知花先生から範士九段免許を授与され、私共は祝福したものである。知花先生を会長に全沖縄空手道連盟（筆者注：「沖縄空手道連盟」の誤記）が結成されると、お互いにリーダー格として県空手界の発展に尽力した。彼は、喜怒哀楽を分かち合ったかけがえのない私の友人であり、よきライバルであり、同志だった」

「喜怒哀楽を分かち合ったかけがえのない私の友人」という言葉に、長嶺の深い思いがこもっている。さらに比嘉の最後の演武の思い出へと移る。

「平成四年、私たち流派代表は、首里城復元空手奉納演武を行ったが、これが彼の最後の空手演武になった」

この遺稿集ははからずも長嶺が逝去する一年前に発刊された。各種広告のページには「世界松林流空手道連盟」の広告も掲載されていて、次の記載がある。

宗　家	長嶺　将真
宗家二代	長嶺　高兆
会　長	田場　兼靖
副会長	真喜志康陽
理事長	玉城　剛
副理事長	平良　慶孝

つまり、長嶺が逝去する直前の松林流はこういう体制だった。ともあれ、弟子の手によって遺稿集が発刊されたのは、四天王の中では比嘉佑直だけだろう。比嘉はそれだけよき弟子に恵

まれたといえようか。

九四年の出来事で特筆されるのは、長嶺が「琉球新報」に三度にわたり寄稿を繰り返したことだ。過去に二冊の著作を出版した長嶺だったが、県空連の初代会長を体調不良で退いてからは、新聞紙上に自らの文章を発表する機会もほとんどなくなっていた。だがこの年は、一月に「空手道のメッカ　沖縄」（一月二十一・二十二日付）、八月に『猫足』ならびに腰とガマクについて　沖縄伝統空手と本土亜流の違い」（八月二十四・二十五日付）と題する技術的な文章を掲載し、十二月には「沖縄と本土の空手の違い」（十二月十八日付）を寄稿した。いずれも肩書きには「沖縄県空手道連合会・副会長」の記載がある。

この時期の掲載先が「沖縄タイムス」でなく「琉球新報」に集中しているのは、濱川との密接な関係を示すものだ。

世界大会開催に向けて

沖縄伝統空手における最初の世界大会は九七年に開催される。そのプレ大会が九五年、太平洋戦争・沖縄戦五十周年事業として八月に行われた。九五年、長嶺は八十八歳の米寿の年を迎えた。

この年の七月、笹川良一が死去する。九十六歳だった。全日本空手道連盟の第二代会長として、沖縄組織を糾合する役割を果たし、長嶺の人生に〝負の遺産〟を刻印した人物ともいえる。

その人物の逝去は、沖縄空手界においても一つの時代の終わりを象徴した。

長嶺が、「空手の琉球処分」における自身の行動を内省し、自ら空手界の再統合に向けて奔走している最中のことだった。

九五年八月に開かれたプレ大会では、組手の試合で南アフリカの選手が死亡する残念な事故が発生した。長嶺は九月十五日付の「琉球新報」に、「沖縄空手・古武道プレ大会事故に思う回しげりの廃止を」と題する文章を掲載している。

自分の身を守るための護身術であった本来の空手を競技化するには多くの困難を伴った。より実戦に近づけたルールであればあるほど、事故の危険性は高まる。この事故で主催者側が一千万円の賠償金を支払ったともいわれた。

九六年、事実上最後となる武芸祭が十月九日に開催された。この年、孫の文士郎が琉球大学に入学する。当初は道場のある自宅から通学していたが、あるとき家庭内でハプニングが発生した。

高兆が、空手の稽古に熱心さが欠けるなどと言って文士郎に絡み、親子で武闘劇が繰り広げられたからだ。

高校時代にレスリングの国体選手となっていた文士郎は、空手ではなく、パワーで父親を凌駕することを常に考えていた。頭の中にはどうしたら父親にやられないで済むかとの想念が占めていた。いくら空手といっても、一対一なら組み付いてしまえば相手は何もできないとの確信を抱いていた。

事実、このとき文士郎が本気で向かっていった行動に、高兆は虚を突かれたに違いない。父親の首を締め上げ、うかつに手を放してしまえば、逆に〝殺される〟との切迫感があった。

何事かと家族全員が道場に出てきた中には、当然ながら、祖父の将真も含まれていた。孫が高兆を締め上げた様子をみて、驚き、小声で言ったという。

「大したもんだ」

この事件をきっかけに、文士郎は実家を離れ、一人暮らしを始めた。本人の言葉を借りれば、「大学生活を思い切り謳歌できた」ということになる。

高兆の性格的な問題は、長嶺家にあっては公にできないタブーに近かった。海外などで空手を教える際の「表の顔」と、家庭内での「日常の顔」には大きな落差があった。個人的に二代目宗家に恨みはないが、長嶺が息子の性格で苦労した事実、さらに孫の文士郎が空手を敬遠するようになった背景を説明する必要がある。

強いて補足すれば、高兆が母親のお腹にいたころ、両親ともに〝沖縄最大の危機〟の渦中にいた。米軍による絶え間ない爆音を胎内で聞き続けたことが高兆の性格形成につながったとすれば、その遠因は戦争に落ち着く。その意味で、長嶺家は戦後になっても沖縄戦に翻弄され続けたといえるのかもしれない。

第十章　空手は平和の礎《いしじ》なり

ハワイで平和講演

一九九六（平成八）年十二月、長嶺はハワイの禅宗寺院からの招待で現地で講演を行うことになった。超禅寺《ちょうぜんじ》というオアフ島の山あいに位置する静かな臨済宗寺院（妙心寺派）である。もともと武道と密接な関係を持つ大森曹玄《おおもりそうげん》（一九〇四－九四）らが起こした寺院である。大森は『剣と禅』（春秋社）、『山岡鉄舟』（春秋社）などの著作を持つ剣術の達人でもあった。超禅寺はこの大森とハワイの田上天心《たがみてんしん》老師らによってつくられたとされる寺院であり、居合や剣道、弓道、空手を教える道場もある。

長嶺はこのとき、禅老師から印可状《いんかじょう》を拝受したことにちなみ、「沖縄の空手と世界平和」と題する講演を行った。その関連記事が現地邦字紙「ハワイ報知」（十二月十四日付）に「空手を通し、禅道の世界へ」「沖縄松林流空手道の長嶺宗家」の見出しで、集合写真入りで掲載されている。

講演の内容は後日、「琉球新報」紙上で五日連続で掲載された（九七年二月十一～十五日）。社説と同じページの下段に掲載された連載のメインタイトル（前）とサブタイトル（後）を一覧してみよう。

十一日　後輩へ伝える責務　薫り高い品格ある空手道
十二日　三百年続いた文化国家　独特の芸能をつくり出す
十三日「命」を尊んだ先人たち　日本に先立ち「殉死」を禁止
十四日　徳なき武は暴力　「空手に先手なし」の哲理創出
十五日「先手なし」の心いま必要　人類の生命尊重の基本

空手と関係するのは最後の二日間に集まっている。

冒頭では空手が沖縄独自の格闘文化であり、琉球人の特質としての「愚直さ」を例にあげ、人に痛めつけられても人を痛めつけることを嫌う民族であることを述べている。さらにイギリス海軍のバジル・ホールという人物が琉球を訪れた際に武器がないことに驚き、帰り道、セントヘレナ島に流されていたナポレオンにその話をしたらナポレオンが信じられないという思いで返答したといった逸話、さらに沖縄の「命《ぬち》どぅ宝《たから》」の精神について語り、「この世で一番の宝は命である」と綴っている。

四回目からは、日本の軍国主義や武士道を基調とした大和魂が命を粗末にする思想であったことに触れ、長嶺の持論が語られる。次のような具合だ。

「古来、国家の健全なる歩みは、文を右にし武を左にし、文武兼備の道こそが天下を治める要諦であり、真の武士道は刀を抜かないで勝つ『即ち闘わずして勝《ママ》のを最上の勝利とす』という武道観であった」

続けて長嶺は、「徳なき武は単なる暴力にすぎない、武は徳に基づいてこそ社会は現実に浄化され、文化は花開くのである」という武徳学会（九三年設立）の憲章の言葉を引き、もっとも述べたい主張に移っていく。

「長い間の環境から自然的に武器のない平和な島人は、世界で類のない『空手に先手なし』の哲理を創出したのである」

ここで日本の武士道精神に話を戻し、その思想の帰結が真珠湾攻撃に結びついたとの考えを述べ、次のように持論を重ねている。

「現在武器によって苦悩している世界の多数の国々の人民の姿を見るにつけ、わが先人の創造した『空手に先手なし』の思想を心から景仰する」

その上でこう記す。

「私は人類の生命を尊重し長い間、平和で豊かな国家をつくった琉球の歴史から、真の世界平和は琉球・沖縄の『空手に先手なし』の理念の実践こそ、真の平和の『いしじ』であると確信する」

最後の結論部分はこうだ。

「全世界の人々が今一度手を胸に当てて、攻撃の心すなわち先手の心から、これを体得して初めて世界の真の平和がよみがえると確信する」

この講演の中で、沖縄の空手の原点として「空手に先手なし」の概念を掲げ、沖縄で育まれた空手は、争いの道具としてあるものではなく、護身のための最終手段として残されているものであることから、命を尊ぶ思想からは、空手の術を使わないで済むことが最良であることを述べる。日本本土で根付いた『葉隠《はがくれ》』が命を手段としてしまった現実を批判し、沖縄の精神はそうであってはならない旨を主張している。

この講演が長嶺の逝去する一年前になされた事実は注目される。空手家としては歴史に残る講演であったと言ってよい。この講演内容が新聞連載された最中の二月十四日、本土復帰のシンボルであった元知事、屋良朝苗《やらちょうびょう》が九十四歳で没した。

初の世界大会と無形文化財

長嶺の平和講演が行われた翌年七月、沖縄県立武道館のメイン会場である二千二百人収容のアリーナ棟が落成する。八月には落成記念を兼ねた沖縄県主催の「沖縄空手・古武道世界大会」が開催された。

それに先立ち、五月には、長嶺は沖縄県空手道連合会内に設置された「沖縄伝統空手・古武道審議会」の会長に就任する。副会長に仲里周五郎《なかざとしゅうごろう》、八木明徳《やぎめいとく》、宮平勝哉《みやひらかつや》が就任した。琉球舞踊などと同様、県が沖縄空手の担い手に対しても無形文化財を認めるように求めるための組織だったが、その要望はそれから三カ月たたずして実現した。

七月十六日、初の世界大会開催を目前に、長嶺道場の左腕ともいえる喜屋武真栄《きゃんしんえい》が死去した。八十四歳だった。教職員組合のリーダーであり、戦前は普及型の制定委員として長嶺と行動を共にし、戦後も空手と古武道を通じて深い親交を持ってきた。参議院議員として当選したあとも、保守派の長嶺とは政治信条の違いはあれ、親密に付き合った。

一時は、沖縄県知事選に喜屋武が立候補し、長嶺が応援する西銘順治《にしめじゅんじ》と一騎打ちを演じたこともある。かといって西銘を応援する長嶺との間で関係が悪くなるといったこともなかった。長嶺自身、空手と政治は別物との考えがはっきりしていたからだ。その喜屋武がこの年の七月、長嶺よりも三カ月ほど先に逝去したことになる。

沖縄タイムス社出身で現在、松林流の支部道場を持つ新里昌雄《しんざとまさお》（一九四三－）はこう振り返る。

「私は労働組合の仕事をしていたときもありましたので、先生とは保守と革新で政治的には大きな違いがありました。道場に入門するとき仕事のことも聞かれましたが、先生はそういうことには一切とらわれず、タイムスには知り合いも多いよと対等の目線で話してくれたことを覚えています」

八月八日、沖縄県は空手界において初の無形文化財保持者を認定した。長嶺、八木ら三人を最初の認定者に選んだ。四天王のうち上地完英《うえちかんえい》、比嘉佑直《ひがゆうちょく》の二人はすでに他界している段階だった。

八月二十一日、新装となった県立武道館で県主催の初の世界大会となる「沖縄空手・古武道世界大会」が開幕した。大会に先立ち、大田昌秀《おおたまさひで》知事より長老十一人の表彰が行われた。その後、三人の長老による模範演武が行われた。仲里周五郎が小林流のクーサンクーを演じたほか、長嶺はこのとき、生涯最後となる演武を行う。若いころは華麗なクーサンクー（北谷屋良《ちゃたんやら》クーサンクー）を演じるのが常だった長嶺だが、年老いてからはいつしか跳び技のない王冠《ワンカン》を好むようになっていた。

クーサンクーは飛び蹴りなどの跳躍を要する派手な動作がある反面、王冠にはスポーツ的な動きは少なかった。それでも前蹴りの部分など、九十を超えた長嶺にとっては、足もあまり上がっていなかったようだ。見かねた弟子の一人が「先生、もう型の演武はやらないでください」と懇願したこともあったという。だが長嶺は一笑に付していた。空手は死ぬまで修業との首里・泊手空手家としての信念があったのだろう。

この世界大会は、空手組織を二つに割ってしまった責任をだれよりも感じていた長嶺にとって、沖縄空手界が合同で取り組むべき最重要行事の一つだった。世界五十カ国から千七百人が参加した大会は二十四日まで開催された。自身の演武を無事に済ませ、すべてをやり切ったとの思いがあったかもしれない。大会終了後ほどなく、入院することになった。

首里にあった山里外科。長嶺にとっては親戚筋にあたる若院長の経営する病院だった。院長の山里将人《やまざとまさと》（一九三四－）は畑違いの映画評論の分野でも有名で、著作も残している。玉城剛が証言する。

「当時、私が理事長で田場（兼靖）さんが会長でした。近くのかかりつけ医の先生から少し入院させたほうがいいと奥さん（ヨネ）に電話があって、僕らにも連絡が来ました。田場さんが、昔の門下生でもあった山里外科に連れて行きました」

秋口、入院した長嶺のもとに濱川謙《はまかわけん》は毎週のように見舞いに通ったという。驚いたことに、鉄パイプのベッドの片側にタオルを巻き付け、それを引っ張る動作を病床の中で長嶺は繰り返していた。

「退院したらまたすぐ稽古に戻れるように、と先生はおっしゃっていました」

亡くなる三日前もそうした鍛錬を行っていたと振り返る。

十一月二日の午後五時三十六分。長嶺は急性腎不全で九十年の生涯を閉じた。父・将保が亡くなったときと同じ年齢だった。

同じ日、十月二十九日から始まっていた「首里城祭」のメインイベント「琉球王朝絵巻行列」が首里城と国際通りを使って行われ、王朝時代の衣装を身にまとった二千人近くの行列が、奥ゆかしく練り歩いた。

翌日付の地元二紙の朝刊は、それぞれ社会面に顔写真入りで長嶺の訃報を報じている。

「空手の長嶺将真氏が死去」「松林流創設者　伝統の継承、発展に尽力」（「琉球新報」）

「空手の長嶺将真氏死去」「古武術の県無形文化財保持者」（「沖縄タイムス」）

いずれも「空手の長嶺将真」と形容したのが特徴的だ。

さらに晩年に親しくした「琉球新報」は、「松林流創設者」と配慮した表現で紙面掲載した。

以下に「沖縄タイムス」記事の独自の部分のみを引用する。

「関係者によると、長嶺さんは先月（筆者注：十月）上旬、体調を崩して入院。その後悪化し、最期は家族にみとられて静かに息を引き取ったという」（十一月三日付）

二日後の「沖縄タイムス」に、「故長嶺将真さんを悼む」と題する弔辞の文章を掲載したのは、その後、宮里栄一《みやざとえいいち》の後を継いで九九年に沖縄県空手道連盟の第四代会長となる石川精徳《いしかわせいとく》だった。副題には「空手に生き　空手に死した」「〝メッカ〟構築に尽力」の文字がある。

「長嶺さんの突然の訃報に接し、誠に哀惜の念にたえず、長嶺さんの在りし日の面影をしのびつつ謹んで哀悼の誠をささげ、心からごめい福をお祈り申し上げます。『空手といえば長嶺、長嶺といえば空手』と自他共に認め『空手に生き、空手に死した』と言っても過言ではない、ということがすぐわれわれの脳裏に浮かびます」（「沖縄タイムス」十一月四日付）

「沖縄空手界への影響力を持ち空手の父《ママ》であり、人格者である先生は空手を愛し郷土を愛し、空手のメッカを構築することを最終目的にしておられた。私と長嶺先生との間柄は、戦前から空手を通して拳友として共に弟子兄弟として深い関係をもっていました」（同前）

確かに、石川は年齢的には一八ほどの開きがあったが、空手の系譜としては長嶺の恩人ともいえる島袋太郎《しまぶくろたろう》とも近い関係にあり、石川の父親は新垣安吉《あらかきあんきち》とも仲のよい幼馴染であった。

「長嶺さんが県民のために尽くされた功績は実に大きいものがあります。心からごめい福をお祈り申し上げます」（同前）

一方、その翌日の「琉球新報」に、「長嶺将真さんの死を悼む」と題して弔意文を発表したのは、同じ泊出身の作家、嘉陽安男《かようやすお》（一九二四－二〇〇三）だった。

嘉陽は長嶺の家と自宅が「前後に百メートルも離れていなかった」と回想し、中学生になると泊では地元の学生会に入る習わしがあり、毎年夏休みになると「撃剣大会」が催され、空手と剣道の特訓が行われたと紹介している。

当時、泊で最初の空手道場を開いた長嶺道場に通う地元の中学生たちが、「下駄の音を鳴らして通っていた」と書いている。夏休みになると、東京の大学生たちも通って来たと記している。沖縄戦当時、ある壕で出くわした際のエピソードも興味深いものだ。

「寡黙で怖い存在のように思われたが、戦争中、高嶺のところでお会いしたことがあって、その時の優しい思いやりは今でも忘れ難い。原隊を追求して、負傷していたわたしは雨の中をやっと高嶺までたどりつき、そこで明りのもれている墓を見つけた。中を覗いたわたしを目ざとく見つけて『安男君じゃないか。入れてやりたいが、ごらんの通りで隙がない。これを上げ《ママ》るから、どこか適当な壕を探してくれ。まことに済まん』と両手にいっぱいのニンニクを分け

てくれたのが長嶺さんであった」（「琉球新報」十一月五日付）

ちなみに嘉陽はのちの芥川賞作家・大城立裕《おおしろたつひろ》（一九二五－二〇二〇）が出した『悪石島』（のちに『対馬丸』に改称）の取材に作家として協力した人物であり、同書の奥書には船越義彰《ふなこしぎしょう》とともに取材協力者として名前が記載されている。

全国紙で長嶺の死を報じたのは私が確認した限りでは、十一月四日付の「毎日新聞」だけで社会面の訃報欄にベタ記事で掲載された。

長嶺の葬儀は、首里の安国寺で執り行われた。首里城から二百五十メートルほどの場所にある。泊出身の武人は泊の寺で行うことが多かったが、長嶺の最期が、首里城に近い寺で行われた事実は、首里手に含まれる武人としては特段の違和感はない。

その後の空手界の動き

長嶺逝去から約一年後の九八年十二月、四年に一度の県知事選で、沖縄県空手道連合会の第二代会長だった稲嶺惠一《いなみねけいいち》が保守陣営から立候補し、現職の大田昌秀を破って初当選を果たす。九九年、長嶺の後を追うように道場の番頭格であった仲村正義《なかむらせいぎ》が死去した。享年七十四。翌年には喜舎場塾を開いていた喜舎場朝啓《きしゃばちょうけい》も亡くなる。七十歳だった。二〇〇一年、長嶺と同い年の瀬長亀次郎は、九十四歳で他界した。

二〇〇五年三月二十九日、長嶺が亡くなるまで再統合の証として関わった連合会の運動が実を結び、稲嶺知事の時代に、沖縄県議会で「空手の日」が制定された。唐手を空手と称することを決めた琉球新報社主催の座談会が行われた日を「空手の日」として認定したものだった。以後、「空手の日」になった十月二十五日の前後には、那覇市の国際通りを使って、数千人規模の演武会が定期的に開催されるようになった。

二〇〇八年二月、県内の四つの空手団体のゆるやかな連合組織として「沖縄伝統空手道振興会」が設立され、初代会長に仲井眞《なかいま》弘多《ひろかず》知事が就任する。会長を支える理事長には、長嶺を批判する急先鋒だった上地流の大学教授・高宮城《たかみやぎ》繁《しげる》が就いた。

長嶺の思い出を語る稲嶺惠一元知事
（2020 年 10 月 23 日）

県内の七割方の道場が一つの組織に結びつけられることになり、長嶺にとっての夢が、逝去後十年少したって実を結ぶことになった。振興会はその後、夏の沖縄空手国際セミナーを開催するなど、さまざまな事業に関わることになる。

二〇〇九年、妻ヨネが九十四歳で逝去した。「十・十空襲」からちょうど六十五年となる日だった。

二〇一二年四月、長嶺高兆《たかよし》も死去する。わずか二カ月後、田場兼靖も死去した。それぞれ享年六十六と七十九だった。

二〇一三年、松林流の第二代会長の真喜志康陽《まきしやすはる》が死去する。七十四歳だった。華麗なるクーサンクーの演技者で、松林流にこの人ありと一目置かれた人物だった。第三代会長に平良慶孝《たいらよしたか》が就任する。

二〇一四年、戦後の沖縄にあって最初の本格空手道場として発展し、一つの時代を築いた長嶺空手道場は閉鎖された。建物が売却され、六年後には完全に壊される。

二〇一六年、翁長雄志《おながたけし》知事の決断により、沖縄県に空手振興課が新設され、山川哲男《やまかわてつお》が初代課長に就任した。空手振興課の設置は翁長知事の実績となった。ほどなくして二〇二〇年東京オリンピックの正式種目として空手が初めて採用された。この年の「空手の日」記念演武会では四千人近い一斉型演武を行い、ギネス記録を更新した。

二〇一七年三月、豊見城市に沖縄空手会館が竣工した。稲嶺恵一元知事はこう振り返る。

「(後任の)仲井眞さんの英断で空手会館をつくった。あれは非常に大きかったと思います」

翌年には、同じ場所で沖縄伝統空手の第一回国際大会が開催された。この年、玉城《たまき》デニー知事が誕生する。稲嶺元知事が続ける。

「きれいな形ではないが組織の一本化には成功した。空手会館の建設もできた。あとは何が必要か。それは現在まだばらばらの空手の歴史、理論などをまとめて、体系化するための空手道大学のようなものの創設と考えています。そのとき初めて沖縄の空手が本当の意味で世界の空手のメッカになる。いまはまだ道半ばだと思いますが、次の世代を継ぐ人たちが大いに頑張ってほしいと期待しています」

二〇一九年十月三十一日夜半、首里城が突然火災に見舞われ、焼失した。

泊港を見下ろす

長嶺将真の死後、流派として分裂した松林流は、現在、第三代会長の平良慶孝が率いる。平良は沖縄県空手道連盟の第八代会長を兼務する。長嶺が初代会長を務め、その後、最大流派である小林流と剛柔流が交互に会長を出してきたが、平良は長嶺以来初めての松林流出身の会長職を務めている。その連盟組織から二〇二一年の東京オリンピックで、型部門の金メダリスト(喜友名《きゆな》諒《りょう》選手)が誕生した。

二〇一九年二月以来、二年近くに及ぶ「コロナ禍」をようやく脱しつつあるかに見えるこの国で、二〇二一年秋、松茂良興作《まつもらこうさく》の顕彰碑がある泊の新屋敷《しんやしき》公園内に長嶺の顕彰碑が設置される予定だ。高兆の影響で空手嫌いになった文士郎はこう語る。

「父を恨んだときもありましたが、亡くなってからは不思議といい思い出しか残っていません。おじいの代からつくられた松林流の伝統をつなぎたいと、教職のかたわら稽古に励んでいます」

文士郎は二〇一七年以来、奇しくも祖父の将真が子ども時代に通った同じ泊小学校で教鞭をとる。そのかたわら豊見城市に新道場（兼自宅）を建設中という。

泊の象徴となっている泊港湾はいま、泊ふ頭旅客ターミナルビル「とまりん」の名称で、渡嘉敷・座間味や久米島、南北大東島などの離島と沖縄本島を結ぶ船舶が発着する海上交通の拠点として機能する。

長嶺将真が眠るのは、父親の将保《しょうほう》が建てた長嶺家の墓の中だ。将保が人力車引きやパナマ帽の製造などで蓄えた金で建てた那覇市天久《あめく》にある高台の一角がそれに当たる。近くから見下ろすと、泊港が視野に入る場所にある。

泊の地に生まれ、泊に眠る長嶺将真。

二十世紀の沖縄を懸命に生き抜いた武人の一人である。

あとがき

私が沖縄空手の取材を始めたのは二〇一七年夏、完成まもない沖縄空手会館で開催された沖縄伝統空手の夏期国際セミナーに参加したのがきっかけだった。「集中稽古」と銘打たれたセミナーは、毎日三時間、一週間集中して稽古を行うというもので、流派別にコースが設けられていた。私は首里手系の本流とされる「小林流《しょうりん》」を選択したが、そのときはたまたま小林流と松林流がセットで一つのコースとなっていた。本土で暮らしている者にとって「松林流《しょうりん》」は初めて耳にする流派名だった。実際、松林流の道場は東京には存在せず、主に沖縄本島と北南米を中心とした海外支部で成り立っている。

このセミナーでは平良慶孝流派長が指導し、多くの門人が応援に来ていた。長嶺将真の孫にあたる長嶺文士郎氏も駆けつけていた。本書はそうした人と人の出会いがなければ成立しなかったものだ。あらためて仏教的な「縁」というものに思いを致さざるをえない。

本書の刊行は沖縄空手の取材を始めた初期段階で構想された。文士郎氏をはじめとする長嶺家ゆかりの皆様、平良慶孝会長をはじめ長嶺将真の門弟の皆様方、沖縄空手界の多くの方々のご協力により本書はできあがった。御厚情に深く感謝申し上げる。また、企画を仲介していただいた論創社の森下雄二郎氏と編集を担当していただいた谷川茂氏に厚くお礼申し上げる。

二〇二一年初秋

柳原滋雄

長嶺将真略歴

一九〇七年　七月十五日、泊村に生まれる。
一九一六年　泊尋常小学校三年生の運動会で船越義珍先生から教わった型を集団披露
一九一九年　沖縄でスペインかぜが流行
一九二二年　那覇市立商業学校に入学
一九二三年　二年生のとき空手を始める
一九二四年　伊波興達、島袋太郎に師事
一九二六年　新垣安吉に師事
一九二七年　徴兵制で大分歩兵第四十七連隊に入隊
一九二八年　那覇市立商業学校を卒業。中国山東省に出兵し済南事変に参加
一九三一年　沖縄県警に就職
一九三二年　嘉手納署に配属、喜屋武朝徳に師事
一九三六年　東京警視庁に出向、本部朝基に師事
一九四〇年　日本武徳会から空手術錬士号を授与される
一九四一年　普及型Ⅰを考案
一九四二年　崇元寺町に十二坪の道場建設。道場開きで喜屋武朝徳が演武
一九四四年　喜瀬ヨネと入籍、那覇大空襲
一九四五年　沖縄戦で九死に一生を得る。長男高兆が出生
一九四六年　那覇に戻り、再びの警察勤務
一九四七年　牧志町の規格住宅に初めて「松林流」の看板を掲げる

一九五二年　警察官を退職
一九五三年　那覇市議補選で初当選
一九五四年　久茂地に本格的な空手道場を建設、市議会副議長に就任
一九五五年　東京の日本橋高島屋の沖縄展で空手演武を披露
一九五六年　「沖縄空手道連盟」を結成。副会長に就任
一九五七年　瀬長亀次郎市長と対決するも、那覇市議選で落選
一九六一年　「沖縄空手道連盟」会長に就任（三期六年）
一九六七年　「全沖縄空手道連盟」へ改組、初代会長に就任（一期二年）
一九六八年　城卓矢の『空手道讃歌』をリリース
一九六九年　初の海外指導（米国、カナダ）、禅を空手に導入
一九七二年　沖縄本土復帰
一九七五年　『史実と伝統を守る　沖縄の空手道』を発刊、同英語版を翌年発刊（スペイン語版は八三年）
一九八一年　全空連組織「沖縄県空手道連盟」を設立、初代会長に就任
一九八六年　『史実と口伝による沖縄の空手・角力名人伝』を発刊
一九八七年　沖縄海邦国体
一九八九年　琉球新報社主導の第一回沖縄県空手道武芸祭
一九九〇年　「沖縄空手道懇話会」が発足、呼びかけ人に名を連ねる
一九九二年　首里城奉納演武で長老六人の一人として演武
一九九三年　「沖縄県空手道連合会」発足、副会長に就任
一九九六年　ハワイで平和講演
一九九七年　沖縄最初の世界大会で人生最後の演武。十一月二日、急性腎不全で死去（九十歳）

主要参考文献

〈長嶺将真関係〉
『史実と伝統を守る　沖縄の空手道』　長嶺将真　新人物往来社　一九七五年
『史実と口伝による沖縄の空手・角力名人伝』　長嶺将真　新人物往来社　一九八六年
『世界の文化遺産　沖縄空手の巨星たち』　濱川謙　新星出版　二〇〇三年
『検証　沖縄武術史　沖縄武技―空手』　勝連盛豊　沖縄文化社　二〇一七年

〈空手関係〉
『空手道と琉球古武道』　村上勝美　成美堂出版　一九七三年
『精説　沖縄空手道　その歴史と技法』　上地完英監修　上地流空手道協会　一九七七年
『青い海』（八一年十二月号）「手を誤まるな！　沖縄の空手界なぜ混乱した」青い海出版社　一九八一年
『沖縄剛泊会空手道　二十年の歩み』　渡嘉敷唯賢　沖縄剛柔流・泊手空手道協会　一九八六年
『スヤーサブロー　宮城嗣吉物語』　船越義彰　沖縄タイムス社　一九九一年
『創立十周年記念誌』　沖縄県空手道連盟　一九九一年
『世界松林流空手道連盟創立五十五周年記念式典記念誌』　一九九一年
『琉球拳法空手術達人　本部朝基正伝』　小沼保編著　壮神社　一九九三年
『実戦！ケンカ空手家烈伝―空手史を切り拓いた男たち』　巨椋修　福昌堂　一九九六年
『顕彰・比嘉佑直　究道無限』　冝保俊夫・呉屋秀信・比嘉稔　沖縄小林流空手道究道館連合会　一九九六年
『慶應義塾体育会空手部七十五年史』　三田空手会　一九九九年
『喧嘩空手一代　東海の殺人拳　水谷征夫』　安藤昇　双葉文庫　二〇〇〇年
『剛柔流空手道史』　東恩納盛男　チャンプ　二〇〇一年
『男 明徳の人生劇場』　八木明徳　二〇〇〇年

『拳法概説　復刻版』　三木二三郎・高田瑞穂　榕樹書林　二〇〇二年
『追想　宜保俊夫』　宮松久三　セイケイ出版　二〇〇五年
『沖縄空手古武道事典』　高宮城繁・新里勝彦・仲本政博　柏書房　二〇〇八年
『沖縄空手界のチャンミーと呼ばれた漢　新説喜屋武朝徳』　伊禮博　凰庵堂プロジェクト　二〇一〇年
『温故知新　創立三十周年記念誌』　沖縄県空手道連盟　二〇一一年
『空手道教範　復刻版』船越義珍　榕樹書林　二〇一二年
『小林流空手道と随想』　村上勝美　やまみず企画　二〇一二年
『拳豪　比嘉佑直物語』　新崎景文　風詠社　二〇一三年
『沖縄小林流空手道協会誌　合理合法・共存共栄』　沖縄小林流空手道協会　二〇一四年
『チャンミーグヮー』　今野敏　集英社　二〇一四年
『沖縄県空手道連合会二十五年史』　二〇一六年
『統一の流儀　「振興会」は、なぜそこにあるか』　濱川謙　琉球書房　二〇一八年
『保存版　まるふじ文庫 武道書収集目録 空手道・唐手術編』　佐藤茂　柏艪舎　二〇一九年

〈泊関係〉
『泊誌』　とまり会　一九七四年
『泊小学校創立百周年記念誌』　那覇市立泊小学校　一九八二年
『泊前島町誌』　真喜志駿　前島町誌刊行委員会　一九九一年
『泊物語　昭和の民草』　良子・佐久本・クランデル　新報出版　二〇〇一年

〈学校関係〉
『記念誌　開校四十年』　那覇尋常高等小学校四十年記念會　一九二八年
『那覇商百年史』　沖縄県立那覇商業高等学校　二〇〇六年
『むさぼらなかった男　渋沢栄一「士魂商才」の人生秘録』　中村彰彦　二〇二一年

〈軍隊関係〉
『昭和三年支那事変出兵史』　参謀本部編　厳南堂書店　一九三〇年
『徴兵制』　大江志乃夫　岩波新書　一九八一年
『地域別　日本陸軍連隊総覧』（別冊歴史読本　特別増刊号第24号）　新人物往来社　一九九〇年
『徴兵制と近代日本　一八六八－一九四五』　加藤陽子　吉川弘文館　一九九六年

〈警察関係〉
『會員氏名録』　財団法人警察講習所学友会　一九四二年
『警視庁史　昭和前編』　警視庁史編さん委員会　一九六二年
『沖縄警察とともに』　仲村兼信　若夏社　一九八三年
『警察大学校史　幹部教育百年の歩み』　警察大学校史編さん委員会　一九八五年
『沖縄県警察史　第一巻（明治・大正編）・第二巻（昭和前編）』　沖縄県警察史編さん委員会　沖縄県警察本部　一九九〇・九三年
『阿部定〈事件調書全文〉命削る性愛の女』　本の森編集部　コスミックインターナショナル　一九九七年

〈沖縄戦関係〉
『秘録　沖縄戦史』　山川泰邦　沖縄グラフ社　一九五八年
『秘録　沖縄戦記』　山川泰邦　読売新聞社　一九六九年
『悪石島　学童疎開船対馬丸の悲劇』　大城立裕ほか　おりじん書房　一九七五年
『続続なにくそやるぞ　具志堅宗精自伝』　具志堅宗精　琉鵬会　一九七七年
『那覇市の戸籍　戦災からのあゆみ』　那覇市　一九八一年
『我が回顧録とスピーチ』　山川泰邦　一九八二年
『対馬丸　さよなら沖縄』　大城立裕・嘉陽安男・船越義珍　理論社　一九八二年
『戦さ世の県庁　記録集成』　荒井紀雄　一九九二年

『沖縄の島守　内務官僚かく戦えり』　田村洋三　中公文庫　二〇〇六年
『10万人を超す命を救った沖縄県知事・島田叡』　ＴＢＳテレビ報道局「生きろ」取材班　ポプラ社　二〇一四年
『対馬丸』　大城立裕　講談社文庫　二〇一五年

〈那覇市議会関係〉
『アメリカ統治下時代那覇市議会会議録(電子書籍版)』　那覇市議会／議会事務局
『瀬長亀次郎回想録』　瀬長亀次郎　新日本出版社　一九九一年
『熱い太陽のもと激動の島に生きる』　瀬長フミ　「瀬長フミ」自伝出版実行委員会　あけぼの出版　一九九六年
『瀬長フミと亀次郎　届かなかった獄中への手紙』　内村千尋編著　あけぼの出版　二〇〇五年
『戦後初期沖縄解放運動資料集　第一巻』　鳥山淳・国場幸太郎編　不二出版　二〇〇五年
『戦後初期沖縄解放運動資料集　第二巻』　加藤哲郎・国場幸太郎編　不二出版　二〇〇四年
『戦後初期沖縄解放運動資料集　第三巻』　森宣雄・国場幸太郎編　不二出版　二〇〇五年
『不屈　瀬長亀次郎日記　第二部　那覇市長』　琉球新報社　二〇〇九年
『「島ぐるみ闘争」はどう準備されたか　沖縄が目指す〈あま世〉への道』　森宣雄・鳥山淳編著　不二出版　二〇一三年
『「米軍が恐れた不屈の男」　瀬長亀次郎の生涯』　佐古忠彦　講談社　二〇一八年
『沖縄の歩み』　国場幸太郎　岩波現代文庫　二〇一九年

〈沖縄一般〉
『写真集　むかし沖縄』　琉球新報社編　一九七八年
『写真集　激動の記録　那覇百年のあゆみ　琉球処分から交通方法変更まで』　那覇市企画部市史編集室　一九八〇年
『沖縄20世紀の光芒』　琉球新報社　二〇〇〇年

〈その他〉
『士魂』　中崎辰九郎　尚友會　一九四三年

『ちぎられた縄』火野葦平　小壺天書房　一九五七年
『新選現代日本文學全集一九　火野葦平集』　火野葦平　筑摩書房　一九五九年
『剣と禅』　大森曹玄　春秋社　一九六六年
『当間重剛回想録』　当間重剛　当間重剛回想録刊行会　一九六九年
『山岡鉄舟(増補版)』　大森曹玄　春秋社　一九七〇年
『復帰記念沖縄特別国民体育大会　報告書』一九七三年
『沖縄から琉球へ　米軍政混乱期の政治事件史』　仲宗根源和　月刊沖縄社　一九七三年
『辻の華　くるわのおんなたち』　上原栄子　時事通信社　一九七六年
『大濱信泉』　大濱信泉伝記刊行委員会　一九七八年
『ジミーとジョージ　海を越えた国際児たち』　佐木隆三　潮文庫　一九八六年
『稲嶺一郎回顧録　世界を舞台に』　稲嶺一郎　沖縄タイムス社　一九八八年
『捕虜たちの島　嘉陽安男捕虜三部作』　嘉陽安男　沖縄タイムス社　一九九五年
『一射絶命　禅、弓道、そして日々の行』　ケネス・クシュナー　ベースボール・マガジン社　一九九七年
『戦争・辻・若者たち』　船越義彰　沖縄タイムス社　二〇〇三年
『ナツコ　沖縄密貿易の女王』　奥野修司　文春文庫　二〇〇七年
『旅する巨人　宮本常一と渋沢敬三』　佐野眞一　文春文庫　二〇〇九年
『新篇　辻の華』　上原栄子　時事通信社　二〇一〇年
『稲嶺惠一回顧録　我以外皆我が師』　稲嶺惠一　琉球新報社　二〇一一年
『評伝 笹川良一』　伊藤隆　中央公論新社　二〇一一年
『私の日本地図8　沖縄』　宮本常一　未来社　二〇一二年
『脈　九十五号　火野葦平と沖縄』　脈発行所　二〇一七年

取材協力者（五十音順）

新垣敏光／池宮城政明／稲嶺惠一／上原武信／上間康弘／大城利弘／大田マサ子／翁長勇助／翁長良光／親川仁志／賀数淳／勝連盛豊／喜久川政成／岸田美代子／喜瀬志郎／木本敏文／喜友名朝孝／金城政和／久場良男／幸地三平／佐久本嗣男／島袋善保／城間清栄・清子／新里勝彦／新里昌雄／新城清秀／関根道子／平良慶孝／高村勢津子／高村泰徳／高良信徳／高良正剛／田島一雄／玉城剛／照屋幸栄／友寄隆宏／長嶺博文／長嶺文士郎／仲村顕／仲本政博／濱井謙／比嘉稔／比嘉信秀／東恩納盛男／外間哲弘／真喜志哲雄／松永光雄／ミゲール・ダルース／宮城驍／宮城敏也／八木明達

柳原滋雄（やなぎはら・しげお）

1965年、福岡県生まれ、佐賀県育ち。早稲田大学卒業、編集プロダクション勤務、「社会新報」記者をへて、フリーのジャーナリスト。政治・社会分野を主な取材対象とする。著書に『カンボジアPKO体験記』『ガラパゴス政党 日本共産党の100年』『沖縄空手への旅 琉球発祥の伝統武術』『疑惑の作家「門田隆将」と門脇護』など。本書は著者にとって初めてのノンフィクション作品となる。

論創ノンフィクション015
空手は沖縄の魂なり　長嶺将真伝

2021年11月2日　初版第1刷発行

著　者　柳原滋雄
発行者　森下紀夫
発行所　論創社
東京都千代田区神田神保町2-23　北井ビル
電話　03（3264）5254　振替口座　00160-1-155266

カバーデザイン　奥定泰之
組版・本文デザイン　アジュール
校　正　小山妙子
印刷・製本　精文堂印刷株式会社
編　集　谷川 茂

ISBN 978-4-8460-2084-4 C0036